Ken Hom

Mes grands classiques
Cuisine chinoise

Ken Hom

Mes grands classiques Cuisine chinoise

80 recettes de chef

hachette
PRATIQUE

Édition originale publiée en 2010 au Royaume-Uni, par Hamlyn, sous le titre *Classic Chinese Recipes*.

Table des matières

Introduction

La gastronomie chinoise reflète la longue histoire, l'étendue géographique et la diversité climatique de l'Empire du Milieu. Du glacial Pékin au Nord, au tropical Canton au Sud, des régions de l'Est et du cosmopolitisme de Shanghai aux régions exotiques frontalières du Tibet, la cuisine chinoise connaît de riches variantes qui se rejoignent toutefois sous la bannière commune d'une tradition culinaire ancestrale. Très nourrissant, le régime alimentaire chinois met en œuvre beaucoup de légumes frais et en conserve, des céréales comme le riz, du poisson et des fruits de mer – la viande y est peu présente. De nombreuses techniques permettent une cuisson efficace, qu'elle soit rapide ou lente, préservant les nutriments, les saveurs et les textures. Les Chinois appliquent le célèbre principe du *yin* et du *yang* également à la cuisine, comme l'illustrent certaines combinaisons d'aliments et certains modes de préparation. Tous les styles culinaires chinois partagent le goût pour l'harmonie des mélanges de parfums naturels, de textures, de couleurs et d'arômes, relevés mais jamais masqués, par les diverses sauces.
Les recettes de mon livre sont représentatives de la cuisine chinoise traditionnelle. Je m'attache à vous faire découvrir les recettes phares de la gastronomie chinoise comme les variations régionales sur un même thème. Une chose est certaine : toutes vous régaleront !

Ingrédients

La plupart des ingrédients de ce livre sont disponibles dans les grands supermarchés, à l'exception de quelques-uns que vous trouverez dans les épiceries asiatiques.

Haricots noirs Ces petites graines de soja noires fermentées développent une saveur distinctive légèrement salée. Ils sont utilisés comme assaisonnement, souvent avec de l'ail ou du gingembre frais. Ils se conservent indéfiniment au réfrigérateur.

Haricots kilomètres Il en existe deux variétés : verts pâles et verts foncés, qui sont plus minces. Ils se présentent habituellement en bottes. Inutile de les équeuter. Ils sont croustillants et de texture semblable aux haricots verts, mais cuisent plus rapidement.

Zeste de citron séché Vendu dans les épiceries asiatiques.

Poudre de cinq-épices Mélange d'anis étoilé, de poivre du Sichuan, de fenouil, de clous de girofle et de cannelle.

Bourgeons de fleurs de lys
Ils offrent une texture et un agréable goût d'humus à tous vos plats. À conserver dans un récipient hermétiquement clos, dans un endroit sec et frais. Faire tremper avant utilisation conformément à la recette.

Champignons chinois séchés
De couleur noire ou brune, ces champignons confèrent une saveur et un arôme particuliers à tous les plats. À conserver dans un récipient hermétiquement clos, dans un endroit sec et frais. Faire tremper avant utilisation conformément à la recette.

Champignons noirs « oreilles de nuage » Une fois trempés, ils gonflent à la manière de nuages. Ils sont très prisés pour leur croquant.

Champignons noirs « oreilles d'arbre séchés » Il s'agit d'une variété plus grande que les champignons noirs « oreilles de nuage ». Une fois trempés, ils augmentent de quatre à cinq fois de volume.

Radis blanc chinois (mooli) Ces longs radis ressemblent à des carottes blanches. Ils absorbent les parfums du plat avec lequel ils cuisent tout en conservant leur goût et leur texture de radis si distinctifs. Ils doivent être épluchés.

Vin de riz de Shaoxing Il s'agit, à mon avis, du vin de riz le plus fin. Il est produit à Shaoxing, dans la province de Zhejiang, dans l'est de la Chine. Il est utilisé pour la cuisson, en marinade et dans les sauces. À conserver à température ambiante dans un récipient hermétiquement clos.

Sauce aux haricots jaunes (entiers et moulus) Cette sauce épaisse, piquante et aromatique est faite à base de haricots jaunes, de farine et de sel, le tout fermenté. Elle est assez salée mais ajoute une saveur distinctive aux sauces. Il en existe deux sortes : avec des haricots entiers ou avec des haricots mixés.

Pâte de piment C'est une sauce ou une pâte foncée à base de graines de soja, de piments et de condiments, largement utilisée dans l'ouest de la Chine.

Sauce au piment Sauce rouge vif à base de piments, de vinaigre, de sucre et de sel, le plus souvent utilisée comme sauce pour tremper.

Sauce hoisin Largement utilisée dans le sud de la Chine, c'est une sauce épaisse brun foncé faite à base de graines de soja, de vinaigre, de sucre, d'épices et de condiments. Elle est sucrée et légèrement relevée.

Sauce d'huître C'est un ingrédient de base de la cuisine cantonaise qui a gagné la faveur des autres régions. Brune et épaisse, elle est constituée de concentré d'huître cuit dans de la sauce soja, de condiments et de saumure. Elle développe une saveur riche et intense – sans sentir le poisson ! On l'utilise en cours de cuisson ou en tant que condiment, diluée dans un peu d'huile. Il serait dommage de se priver de ces petits plus, ils en valent vraiment la chandelle !

Pâte de sésame Ce beurre brun, épais et crémeux est fait à base de graines de sésame grillées à sec. On l'utilise dans les plats chauds ou froids. Quand l'huile remonte à la surface, il suffit de mixer la pâte de sésame.

Poivre du Sichuan Ce poivre d'un brun rouge dégage une saveur unique qui le distingue du poivre noir, plus fort. Il est piquant et modérément épicé. Il peut être moulu dans un moulin à poivre classique. Il est recommandé de le faire griller rapidement à sec afin d'en obtenir tout l'arôme.

Légumes saumurés à la sichuanaise Ils font partie des légumes saumurés les plus prisés de Chine, en particulier dans la province du Sichuan. Conditionnés en bocaux, ils sont vendus dans les épiceries asiatiques. Ils confèrent une texture agréablement croquante à vos mets, qu'ils relèvent par la même occasion. Rincer avant utilisation.

Sucre J'aime beaucoup cuisiner avec le sucre candi : il est plus riche et libère une saveur plus subtile que le sucre cristallisé. Il donne également un lustre et un aspect glacé aux plats braisés ou en sauce. On en trouve dans les épiceries asiatiques. Dans le cas contraire, utilisez du sucre en poudre ou du sucre de canne en morceaux.

Tofu Le tofu est très nourrissant, il est riche en protéines et possède une texture douce très distinctive, mais assez fade. Il est commercialisé sous deux formes : en petits blocs fermes ou en conditionnement plus tendre (tofu soyeux). On le trouve aussi séché sous plusieurs formes et fermenté. Le tofu tendre s'utilise dans les soupes et d'autres plats tandis que le tofu ferme s'utilise sauté, braisé ou frit.

Vinaigre de riz blanc Clair et doux. Sa saveur rappelle légèrement le riz collant. Il s'utilise dans les plats sucrés et aigres.

Vinaigre de riz noir Très foncé, il libère une saveur riche mais douce. Il s'utilise dans les plats braisés, les plats de nouilles et dans les sauces.

Choisir un wok

La forme du wok permet à la chaleur de se répartir uniformément sur toute la surface, d'où une cuisson rapide, fondamentale pour les plats sautés. En raison de sa base étroite, le wok nécessite moins d'huile tout en offrant une profondeur suffisante. Le wok idéal pour les tables de cuisson occidentales est doté d'une longue poignée en bois. Il doit faire 30 à 36 cm de diamètre, être doté de bords hauts et d'un fond légèrement plat. Choisissez-en un assez lourd, en acier au carbone plutôt qu'en acier inoxydable ou en aluminium, qui se raye. Le wok est généralement équipé d'un couvercle, plutôt en aluminium, qui peut aussi être acheté séparément. Une petite spatule en métal à poignée longue ressemblant à une petite pelle est idéale pour déposer ou retirer les ingrédients.

Préparation à la première utilisation et nettoyage

Avant la première utilisation, frottez le wok avec du papier absorbant et de l'eau pour retirer le revêtement graisseux qui le protège. Séchez-le et placez-le sur feu modéré. Versez deux cuillérées à soupe d'huile de cuisson et enduisez-en l'intérieur du wok avec du papier absorbant. Chauffez doucement le wok pendant 10 à 15 min, puis essuyez-le bien avec du papier absorbant. Répétez l'opération jusqu'à ce que le papier soit propre. Votre wok foncera à l'utilisation. Lavez-le à l'eau claire et séchez-le pour éviter qu'il ne rouille.

Paniers vapeur

Il existe différentes tailles de paniers vapeur en bambou : le diamètre de 25 cm est le plus adapté à une utilisation domestique. On le place au-dessus d'une casserole ou d'un wok remplis d'eau bouillante. On peut le recouvrir d'une mousseline propre et humide pour éviter à la vapeur de s'échapper par les lamelles de bambous. Avant la première utilisation, lavez le panier vapeur et passez-le à la vapeur à vide pendant 5 min. Vous pouvez également utiliser n'importe quel grand panier métallique.

Si vous utilisez un wok ou une grande casserole comme cuit-vapeur, vous avez besoin d'un support en métal ou en bois pour y déposer le plat à faire cuire. Certains woks sont vendus avec un trépied en métal, mais vous pouvez aussi acheter séparément des trépieds triangulaires ou ronds en métal.

Choisir un fendoir

Tout amateur de gastronomie chinoise se doit d'utiliser un fendoir, non un couteau. Cet instrument lourd sert à toutes sortes de découpes, pour émincer comme pour casser des os. Vous pouvez bien sûr cuisiner des plats chinois au couteau, mais si vous optez pour le fendoir, vous serez surpris de sa simplicité d'utilisation. Choisissez un fendoir de bonne qualité, de taille moyenne, polyvalent et en acier inoxydable.

Soupes

Soupe au crabe et au maïs
Su Mi Rou Tang

Pour 4 personnes

1,2 l de bouillon de poule
500 g d'épis de maïs frais, égrenés ou 250 g de maïs en grains surgelé
1 cuil. à café de gingembre frais, épluché et finement haché
2 cuil. à café de vin de riz de Shaoxing ou de xérès sec
1,5 cuil. à café de sucre en poudre
175 g de chair de crabe cuite (chair blanche seulement)
1 blanc d'œuf battu
1/2 cuil. à café d'huile de sésame
Poivre blanc du moulin
1 cuil. à café de sel

Pour la garniture

Oignons nouveaux émincés

Cette soupe est très appréciée dans le sud de la Chine où le maïs, nouvellement adopté par la gastronomie chinoise, est largement employé. Sa douceur se marie à merveille avec la chair de crabe.

1 Versez le bouillon dans une casserole de taille moyenne et portez-le à frémissement. Ajoutez le maïs et le gingembre, puis laissez 2 min à feu doux. Versez le vin de riz, ajoutez 1 demi-cuil. à café de sel, 1 demi-cuil. à café de sucre et la chair de crabe. Laissez frémir pendant 2 min.

2 Mélangez le blanc d'œuf, l'huile de sésame et le sel restant. Versez lentement le mélange dans le bouillon en un filet régulier. À l'aide d'une baguette ou d'une fourchette, étirez le blanc d'œuf de manière à ce qu'il forme des filaments. Ajoutez le sucre restant et rectifiez l'assaisonnement en poivre. Garnissez avec les oignons nouveaux et servez aussitôt.

Bouillon de poule clair

Ching Tang

Pour 4 l
de bouillon

1,250 kg de chair et d'os de poule (dos, pilons, ailes, etc. ; 50 % de chair et 50 % d'os)

4 racines de gingembre frais de 5 cm, épluchées

4 oignons nouveaux (blanc seulement)

6 gousses d'ail entières, pilées avec l'enveloppe

2 cuil. à café de grains de poivre du Sichuan

2 cuil. à café de poivre noir entier

1/2 cuil. à café de sel

Le bouillon est essentiel à la cuisine chinoise. En raison de sa légèreté, de sa saveur et parce qu'on peut l'utiliser de différentes façons, le bouillon de poule peut être considéré comme un ingrédient de base au même titre que le sel, l'huile et la sauce soja.

1 Mettez les morceaux et les os de poule dans un grand faitout. Recouvrez de 2 l d'eau froide et portez à frémissement. Torréfiez le poivre du Sichuan en chauffant un wok ou une sauteuse à feu modéré. Ajoutez le poivre et remuez pendant 5 min environ, jusqu'à ce qu'il commence à dorer et à libérer son parfum. Laissez-le refroidir. Vous pouvez ainsi torréfier jusqu'à 125 g de poivre et le conserver dans un récipient hermétique pour une utilisation ultérieure.

2 Prélevez délicatement l'écume engendrée par les os à l'aide d'une écumoire. Surveillez le feu car le bouillon ne doit jamais bouillir, il deviendrait opaque et lourd. Continuez à écumer jusqu'à ce que le bouillon soit clair. Cela peut prendre 20 à 40 min. Veillez bien à ne pas mélanger le bouillon.

3 Réduisez le feu jusqu'à ce que le bouillon frémisse légèrement. Ajoutez le gingembre, les oignons, l'ail, le poivre du Sichuan, le poivre noir et le sel. Laissez mijoter à feu très doux pendant 4 h en ôtant la graisse ou l'écume se formant à la surface deux ou trois fois en cours de cuisson. Le temps de cuisson relativement long permet au bouillon (et à la soupe à laquelle il servira de base) d'être riche et consistant tout en développant une saveur incomparable.

4 Passez le bouillon à travers une passoire très fine ou dans plusieurs couches de mousseline humidifiée, puis laissez refroidir. Ôtez la graisse présente à la surface. Le bouillon est maintenant prêt à l'emploi. Vous pouvez aussi le conserver dans un récipient et le congeler pour l'utiliser ultérieurement.

Soupe au porc et au chou

Bai Cai Tang

Pour 4 personnes

1,2 l de bouillon de poule
175 g de viande de porc maigre hachée
4 cuil. à café de sauce soja claire
2 cuil. à café de vin de riz de Shaoxing ou de xérès sec
1/2 cuil. à café d'huile de sésame
1/2 cuil. à café de fécule de maïs
1 cuil. à soupe d'huile végétale, d'arachide de préférence
375 g de feuilles de chou chinois émincées dans la largeur
1 cuil. à café de sauce soja foncée
Sel, poivre du moulin

Pour la garniture

Oignons nouveaux émincés

Les feuilles serrées, fermes et gaufrées du chou chinois (bok choy) révèlent une saveur douce et une texture agréable. Ce chou est un ingrédient très apprécié des soupes chinoises.

1 Versez le bouillon dans une casserole de taille moyenne et portez à frémissement. Mélangez le porc avec la moitié de la sauce soja claire, la moitié du vin de riz, l'huile de sésame et la fécule de maïs.

2 Faites chauffer un wok, puis versez-y l'huile végétale. Quand l'huile est chaude et légèrement fumante, faites sauter le porc pendant 1 min. Retirez du feu et réservez.

3 Ajoutez le chou chinois. Versez le reste de vin de riz et les sauces soja dans le bouillon frémissant, puis laissez mijoter 5 min. Ajoutez le porc et laissez mijoter 1 min. Rectifiez l'assaisonnement en sel et en poivre.

4 Présentez dans des bols à soupe ou une soupière. Garnissez avec les oignons nouveaux et servez aussitôt.

Soupe au tofu et aux épinards

Dou Fou Bo Cai Tang

Pour 4 personnes

500 g d'épinards frais
285 g de tofu tendre (soyeux)
1,2 l de bouillon de poule
1 cuil. à soupe de vin de riz de Shaoxing ou de xérès sec
1 cuil. à soupe de sauce soja claire
1 cuil. à café de sucre en poudre
1 cuil. à café d'huile de sésame
1 cuil. à café de sauce soja foncée
Sel et poivre noir du moulin

Pour la garniture

Oignons nouveaux émincés

Dotée d'une saveur subtile et d'une texture agréable, cette soupe colorée joue sur les contrastes : le blanc du tofu tranche avec le vert vif des épinards. C'est une entrée idéale, quel que soit le menu !

1 Choisissez de belles feuilles d'épinard, épluchez-les et lavez-les. Laissez-les égoutter dans une passoire. Coupez le tofu en cubes de 1 cm de côté et laissez-les sécher sur du papier absorbant pendant 10 min.

2 Versez le bouillon dans une casserole de taille moyenne et portez à frémissement. Ajoutez le tofu et laissez mijoter pendant 2 min.

3 Ajoutez les ingrédients restants, sauf les épinards, et laissez mijoter 10 min. Le tofu gonfle en s'imprégnant des saveurs de la soupe. Enfin, ajoutez les épinards et faites cuire 2 min. Présentez dans des bols à soupe ou une soupière et garnissez avec les oignons nouveaux.

Soupe d'émincé de bœuf aux nouilles de riz

Mian Zhi Niu Rou Wo Mi

Pour 4 personnes

250 g de nouilles de riz sèches, rondes ou plates

375 g de bœuf émincé

1,5 cuil. à soupe d'huile végétale, d'arachide de préférence

1,5 cuil. à soupe d'ail finement haché

2 cuil. à soupe d'oignons nouveaux finement hachés (blanc seulement)

2 cuil. à café de gingembre frais, épluché et finement haché

1,2 l de bouillon de poule

3 cuil. à soupe de sauce soja claire

Sel

Pour la garniture

Oignons nouveaux émincés

Pour la marinade

2 cuil. à café de vin de riz de Shaoxing ou de xérès sec

1 cuil. à café de sauce soja claire

2 cuil. à café de sucre en poudre

2 cuil. à café d'huile de sésame

Poivre du moulin

Qu'elles soient servies en soupe ou sautées, les nouilles de riz régalent les papilles. Dans cette spécialité, une grande partie du bouillon est absorbée par les nouilles, ce qui garantit un mets aussi généreux que délicieux.

1 Faites gonfler les nouilles 15 min dans de l'eau chaude, jusqu'à ce qu'elles soient tendres. Laissez-les égoutter dans une passoire et réservez.

2 Mettez le bœuf et les ingrédients de la marinade dans un saladier et mélangez bien.

3 Faites chauffer un wok, puis versez-y l'huile végétale. Lorsque l'huile est chaude et légèrement fumante, faites revenir l'ail, les oignons nouveaux hachés et le gingembre pendant 30 s. Ajoutez le bœuf et mélangez pour bien détacher les morceaux. Faites sauter pendant 5 min, puis laissez égoutter la viande dans une passoire.

4 Portez le bouillon à frémissement dans une casserole de taille moyenne. Ajoutez les nouilles, la sauce soja et rectifiez l'assaisonnement en sel. Faites cuire 2 min. Ensuite, ajoutez le bœuf et laissez mijoter 5 min. Garnissez avec les oignons nouveaux et présentez dans des bols à soupe ou une soupière.

Soupe à la tomate et aux œufs en fleurs

Dan Hua Fangie Tang

Pour 4 personnes

2 petits œufs battus

1 cuil. à café d'huile de sésame

1,2 l de bouillon de poule

250 g de tomates fraîches ou en conserve, pelées, épépinées et hachées

1 cuil. à café de gingembre frais, épluché et finement haché

1 cuil. à café de vin de riz de Shaoxing ou de xérès sec

2 cuil. à café de sauce soja claire

Sel et poivre noir du moulin

Pour la garniture

Oignons nouveaux émincés

Cette soupe légère mise sur la couleur vive et la saveur typique de la tomate. Les « fleurs » sont réalisées en étirant les œufs à mesure que vous les ajoutez dans la soupe.

1 Dans un bol, mélangez les œufs battus, l'huile de sésame et 1 demi-cuil. à café de sel.

2 Versez le bouillon dans une casserole et portez à frémissement. Ajoutez les tomates et le gingembre, et faites cuire 2 min à feu doux.

3 Versez le vin de riz et la sauce soja dans le bouillon. Versez ensuite les œufs battus en un mince filet constant. À l'aide d'une baguette ou d'une fourchette, étirez doucement les œufs de manière à obtenir des filaments. Rectifiez l'assaisonnement en sel et en poivre. Garnissez avec les oignons nouveaux et servez aussitôt.

Soupe d'émincé de poulet aux asperges

Ji Yung Lu Sun Tang

Pour 2 à 4 personnes

1,2 l de bouillon de poule
250 g d'asperges fraîches
250 g de blancs de poulet
1 blanc d'œuf
1 cuil. à café d'huile de sésame
2 cuil. à café de vin de riz de Shaoxing ou de xérès sec
2 cuil. à café de sauce soja claire
1 cuil. à café de sel
Poivre noir du moulin

Pour la garniture

Oignons nouveaux émincés

Bien que l'asperge ait nouvellement fait son apparition sur les tables chinoises, elle est maintenant largement répandue en Chine. Elle est accompagnée d'émincés de poulet au blanc d'œuf dans cette soupe à la saveur délicate.

1 Versez le bouillon dans une casserole de taille moyenne et portez à frémissement. Coupez en diagonale les asperges en tronçons de 2,5 cm.

2 Coupez les blancs de poulet en petits morceaux. Dans un robot ménager, mettez le poulet, versez le blanc d'œuf, l'huile de sésame et salez. Mixez jusqu'à l'obtention d'un mélange homogène. Versez dans un petit saladier, couvrez de film alimentaire et laissez 5 min au réfrigérateur.

3 Ajoutez les asperges, le vin de riz et la sauce soja dans le bouillon. Faites cuire 3 min, jusqu'à ce que les asperges soient cuites. Retirez la casserole du feu. Ajoutez la préparation à base de poulet en battant vigoureusement pour casser les grumeaux. Remettez sur le feu et laissez frémir 1 min. Garnissez avec les oignons nouveaux et servez aussitôt.

Soupe aux raviolis
Huntun Tang

Pour 4 personnes

250 g de feuilles à raviolis

1,2 l de bouillon de poule

Sel

Pour la garniture

Oignons nouveaux émincés

Pour la farce

250 g de crevettes crues, décortiquées, sans veines et hachées ou grossièrement émincées

250 g de porc émincé

2 cuil. à soupe de sauce soja claire

2 cuil. à soupe d'oignons nouveaux finement hachés

2 cuil. à soupe de vin de riz de Shaoxing ou de xérès sec

1 cuil. à café de sucre en poudre

1 cuil. à café d'huile de sésame

1 blanc d'œuf, légèrement battu

1 cuil. à café de sel

1/2 cuil. à café de poivre blanc du moulin

Cette soupe aussi délicieuse que répandue se décline en de nombreuses variantes dans tous les snacks et les restaurants rapides de Chine. Celle-ci vient du sud du pays, c'est ma préférée.

1 Pour confectionner la farce, mettez les crevettes et le porc dans un saladier, salez et poivrez. Mélangez à l'aide d'une cuillère en bois ou en malaxant avec les mains. Ensuite, ajoutez les autres ingrédients de la farce et mélangez bien. Couvrez le saladier d'un film alimentaire et laissez au moins 20 min au frais.

2 Pour farcir les raviolis, placez 1 cuil. à soupe de farce au centre d'une feuille. Humectez les bords avec un peu d'eau, et étirez-les vers le haut de manière à enfermer la farce. Donnez délicatement un quart de tour pour refermer le ravioli, qui doit ressembler à un petit sac bien rempli.

3 Une fois les raviolis prêts, portez le bouillon à frémissement dans une grande casserole. Dans une autre grande casserole, portez à ébullition de l'eau salée, et pochez-y les raviolis pendant 1 min, jusqu'à ce qu'ils remontent à la surface. Retirez-les aussitôt et mettez-les dans le bouillon. Cette opération permet de ne pas altérer la qualité du bouillon.

4 Laissez mijoter les raviolis 2 min dans le bouillon. Présentez-les dans des bols à soupe ou dans une soupière. Garnissez avec les oignons nouveaux et servez aussitôt.

Soupe aigre-épicée

Suan La Tang

Pour 4 personnes

15 g de champignons noirs séchés

25 g de champignons chinois séchés

1,2 l de bouillon de poule

125 g de porc maigre, désossé et émincé

2 œufs battus avec 1 pincée de sel

4 cuil. à café d'huile de sésame

250 g de tofu ferme, égoutté et émincé

1,5 cuil. à soupe de sauce soja claire

1 cuil. à soupe de sauce soja foncée

6 cuil. à soupe de vinaigre de riz blanc

1 cuil. à soupe d'huile au piment

2 cuil. à soupe de coriandre finement hachée

1 cuil. à café de poivre blanc

2 cuil. à café de sel

Pour la marinade

1 cuil. à café de sauce soja claire

1 cuil. à café de vin de riz de Shaoxing ou de xérès sec

1/2 cuil. à café d'huile de sésame

1/2 cuil. à café de fécule de maïs

1 pincée de sucre en poudre

1 pincée de sel

Par la variété de ses textures et ses saveurs contrastées, cette soupe consistante est une excellente alternative aux soupes tex mex. Elle est idéale pour les dîners d'hiver.

1 Faites tremper les champignons noirs dans de l'eau chaude pendant 20 à 30 min et les champignons chinois pendant 20 min, jusqu'à ce qu'ils soient souples. Laissez égoutter les champignons chinois et pressez-les. Avec un couteau, sectionnez et éliminez les queues, puis hachez finement les chapeaux. Rincez bien les champignons noirs. Sectionnez et éliminez les queues, puis hachez finement les chapeaux.

2 Portez le bouillon à frémissement dans une grande casserole et salez.

3 Mettez le porc et les ingrédients de la marinade dans un saladier et mélangez bien. Dans un petit saladier, mélangez les œufs battus et 2 cuil. à café d'huile de sésame.

4 Mélangez la préparation à base de porc dans le bouillon et laissez mijoter 1 min. Ensuite, ajoutez les champignons et le tofu. Laissez mijoter 2 min. Ajoutez lentement le mélange d'œufs en un filet constant. À l'aide d'une baguette ou d'une fourchette, étirez doucement les œufs de manière à former des filaments.

5 Ôtez la soupe du feu et versez les sauces soja et le vinaigre, et poivrez. Donnez un tour énergique dans la soupe, puis ajoutez le reste d'huile de sésame, l'huile au piment et la coriandre. Mélangez. Présentez dans des bols à soupe ou dans une soupière et servez aussitôt.

Soupe au chou chinois
Qing Tang Bai Cai Tang

Pour 4 personnes

1,2 l de bouillon de poule, de bouillon de légumes ou d'eau (variante végétarienne)
500 g de chou chinois émincé dans la largeur
125 g de légumes saumurés à la sichuanaise, rincés et émincés
1 cuil. à soupe de sauce soja claire
2 cuil. à café de sauce soja foncée
2 cuil. à soupe de vin de riz de Shaoxing ou de xérès sec
2 cuil. à café de sucre en poudre
2 cuil. à café d'huile de sésame
Sel et poivre noir du moulin

Pour la garniture

Oignons nouveaux émincés

Cette soupe claire, légère et rafraîchissante est consommée comme breuvage au cours du repas. Les feuilles de chou chinois lui donnent une touche sucrée tandis que les légumes saumurés lui confèrent du croquant.

1 Versez le bouillon dans une casserole de taille moyenne et portez à frémissement. Ajoutez le chou chinois, les légumes saumurés et laissez mijoter 3 min. Ensuite, ajoutez les sauces soja, le vin de riz et le sucre, et laissez mijoter 5 min.

2 Rectifiez l'assaisonnement en sel et en poivre, puis ajoutez l'huile de sésame. Présentez dans des bols à soupe ou une soupière, garnissez avec les oignons nouveaux et servez aussitôt.

Velouté sucré aux noix
He Tao Lao

Pour 4 personnes

175 g de noix décortiquées
60 cl de lait demi-écrémé
150 g de sucre en poudre

Parmi ses meilleurs desserts, la gastronomie chinoise compte des soupes chaudes sucrées et légères. À n'en pas douter, ce velouté aussi simple à réaliser que surprenant deviendra un incontournable de vos repas.

1 Passez les noix sous l'eau chaude et égouttez-les. Préchauffez le four à 180 °C (th. 6). Placez les noix sur une feuille de papier cuisson et enfournez-les pour les faire torréfier pendant 15 min, jusqu'à ce qu'elles soient légèrement dorées et croustillantes. Retirez-les du four et laissez-les refroidir.

2 Passez 45 cl d'eau et les noix au mixeur jusqu'à l'obtention d'un mélange homogène, en ajoutant de l'eau au besoin. Passez le mélange à travers une passoire fine.

3 Versez la préparation à base de noix et le lait dans une casserole de taille moyenne, mélangez et laissez mijoter 1 min. Incorporez le sucre au fouet, et laissez mijoter encore 2 min. Présentez dans des bols ou dans une soupière et servez aussitôt.

Crème d'amande

Xien Ren Lu

Pour 4 personnes

250 g de pâte d'amandes

25 cl de lait demi-écrémé

2 cuil. à café d'extrait de vanille

Les amandes broyées à l'aide d'un robot ménager sont souvent amères. Toutefois, pour vous épargner le pilage au mortier, il est préférable d'utiliser de la pâte d'amandes pour confectionner ce dessert subtil et savoureux.

1 Émiettez la pâte d'amandes à la main. Mélangez-la avec le lait, 45 cl d'eau et l'extrait de vanille dans une casserole de taille moyenne. Laissez mijoter 15 min.

2 Filtrez le mélange à l'aide d'une passoire fine. Servez dans des bols à soupe ou dans une soupière. Ce dessert se consomme chaud ou froid.

Viandes

Omelettes garnies à la viande

Dan Jia

Pour 4 personnes

Pour les omelettes

3 gros œufs battus
3 cuil. à soupe de farine
1 cuil. à soupe d'huile de sésame
Huile végétale, d'arachide de préférence, pour graisser le wok
1 pincée de sel

Pour la garniture

250 g de porc émincé
1 cuil. à soupe de gingembre frais, épluché et finement haché
3 cuil. à soupe d'oignons nouveaux finement hachés
1 cuil. à soupe de sauce soja claire
2 cuil. à soupe de vin de riz de Shaoxing ou de xérès sec
2 cuil. à café d'huile de sésame
2 blancs d'œufs battus
2 cuil. à café de fécule de maïs
1 cuil. à café de grains de poivre du Sichuan, torréfiés et moulus
1/2 cuil. à soupe de poivre noir du moulin
1/2 cuil. à soupe de sel

Ce mets consistant développe des saveurs et des arômes d'une grande richesse, typiques de la cuisine des campagnes sichuanaises. Le jus de la garniture et la sauce sont délicieusement absorbés par l'omelette.

1 Pour préparer les omelettes, mettez les œufs battus, la farine, l'huile de sésame et le sel dans un mixeur. Mixez jusqu'à l'obtention d'un mélange homogène, puis filtrez à l'aide d'une passoire fine.

2 Faites chauffer un wok à feu modéré, et graissez-le avec l'huile végétale, à l'aide d'un papier absorbant. Mettez 2 cuil. à soupe d'œufs battus dans le wok et tournez-le de manière à ce que l'omelette tapisse tout le fond. Une fois l'omelette prise, décollez-la délicatement et déposez-la sur une assiette. Procédez de même pour toutes les omelettes.

3 Dans un saladier, mélangez tous les ingrédients de la garniture, sauf 1 œuf battu destiné à refermer les omelettes. Déposez 2 cuil. à soupe de garniture au centre de chaque omelette. Humectez les bords avec l'œuf battu, puis rabattez une moitié sur l'autre, de manière à former des demi-lunes. La garniture restante peut être mélangée à la sauce.

4 Pour préparer la sauce, faites chauffer le wok à feu vif, puis versez-y l'huile d'arachide. Lorsque l'huile est chaude et légèrement fumante, faites revenir les oignons nouveaux et l'ail pendant 20 s. Ensuite, ajoutez les bourgeons de fleurs de lys et les champignons noirs « oreilles de nuage », et faites revenir pendant 1 min. Ajoutez les ingrédients de la sauce restants, sauf l'huile de sésame. Portez la sauce à ébullition et déposez-y les omelettes garnies. Mettez à feu doux, couvrez et laissez mijoter pendant 15 min, puis ajoutez l'huile de sésame.

5 Présentez dans un plat de service et servez aussitôt, accompagné de riz et de légumes. Idéal pour une froide journée d'hiver !

Pour la sauce

- 1,5 cuil. à soupe d'huile végétale, d'arachide de préférence
- 3 cuil. à soupe d'oignons nouveaux émincés
- 4 gousses d'ail, coupées en fines rondelles
- 25 g de bourgeons de fleurs de lys séchés, trempés dans de l'eau chaude pendant 30 min, jusqu'à ce qu'ils soient tendres, débarrassés de leur tige
- 15 g de champignons noirs, trempés dans de l'eau chaude pendant 20 à 30 min, rincés et équeutés
- 2 cuil. à soupe de vin de riz de Shaoxing ou de xérès sec
- 1 cuil. à soupe de sauce soja claire
- 1 cuil. à soupe de sauce soja foncée
- 2 cuil. à café de sucre en poudre
- 30 cl de bouillon de poule
- 1 cuil. à café de sel
- 1 cuil. à café de grains de poivre du Sichuan, torréfiés et moulus

Émincé de bœuf aux œufs brouillés

Hua Dan Niu Rou

Pour 2 à 4 personnes

250 g de bœuf émincé

2,5 cuil. à soupe d'huile végétale, d'arachide de préférence

6 œufs battus

2 cuil. à café d'huile de sésame

4 cuil. à soupe d'oignons nouveaux finement hachés

1/2 cuil. à café de sel

1 pincée de poivre noir du moulin

Pour la garniture

Oignons nouveaux émincés

Pour la marinade

2 cuil. à café de sauce soja claire

2 cuil. à café de vin de riz de Shaoxing ou de xérès sec

2 cuil. à café d'huile de sésame

1 cuil. à café de sucre en poudre

1 pincée de sel

Poivre noir du moulin

Les œufs sont des incontournables de la cuisine familiale chinoise. Après avoir mariné, le bœuf émincé est sauté et mélangé aux œufs brouillés – un repas rapide et économique !

1 Dans un saladier, mélangez le bœuf et les ingrédients de la marinade. Rectifiez l'assaisonnement en poivre.

2 Faites chauffer un wok et versez-y 1 cuil. à soupe d'huile végétale. Lorsque l'huile est chaude et légèrement fumante, faites revenir la préparation à base de bœuf pendant 2 min. Retirez du feu et laissez égoutter dans une passoire.

3 Dans un bol, mélangez les œufs battus, l'huile de sésame, le sel, le poivre et les oignons nouveaux.

4 Essuyez le wok et faites-le chauffer de nouveau, puis versez-y le reste d'huile végétale. Quand l'huile devient légèrement fumante, faites-la tourner, puis versez la préparation à base d'œufs. Sans cesser de remuer, à l'aide d'une cuillère en bois, faites prendre les œufs à feu vif. Mettez le bœuf dans le wok et laissez 1 min pour achever la cuisson des œufs et réchauffer le bœuf.

5 Présentez dans un plat de service, garnissez avec les oignons nouveaux et servez aussitôt, accompagné de riz nature et de légumes sautés.

Porc sauté aux pousses de soja

Yin Ya Rou Si

Pour 4 personnes

- **500 g de porc maigre, désossé et émincé**
- **1,5 cuil. à soupe d'huile végétale, d'arachide de préférence**
- **1 cuil. à soupe d'ail haché**
- **4 oignons nouveaux émincés**
- **1 poivron rouge, épépiné et émincé**
- **250 g de pousses de soja fraîches**
- **1 cuil. à café de sucre en poudre**
- **1 cuil. à soupe de sauce soja claire**
- **2 cuil. à café de sauce soja foncée**
- **1 cuil. à soupe de vin de riz de Shaoxing ou de xérès sec**
- **1,5 cuil. à café d'huile de sésame**
- **1 cuil. à café de sel**
- **Sel et poivre noir du moulin**

Pour la marinade

- **1 cuil. à soupe de vin de riz de Shaoxing ou de xérès sec**
- **1 cuil. à soupe de sauce soja claire**
- **1 cuil. à café d'huile de sésame**
- **1 cuil. à café de fécule de maïs**

Dans les familles chinoises, il y a toujours au moins un plat à base de porc au dîner. Cette recette facile et rapide à préparer allie à merveille porc et pousses de soja.

1 Dans un saladier, mélangez le porc et les ingrédients de la marinade.

2 Faites chauffer un wok à feu vif et versez-y l'huile végétale. Lorsque l'huile est chaude et légèrement fumante, faites revenir la préparation à base de porc pendant 1 min. Retirez le porc à l'aide d'une écumoire et réservez dans un saladier.

3 Dans le wok, faites revenir l'ail pendant 10 s. Ajoutez les oignons nouveaux, le poivron, le soja et faites revenir le tout pendant 10 s. Ajoutez le sel, le sucre, les sauces soja, le vin de riz et faites cuire 2 min.

4 Mettez le porc dans le wok et faites revenir 1 min sans cesser de remuer. Ajoutez l'huile de sésame et faites cuire 1 min, le temps de réchauffer la viande. Rectifiez l'assaisonnement en sel et en poivre. Servez aussitôt, accompagné de riz nature et de légumes.

Œufs brouillés à la viande et aux légumes

Liu Huang Cai

Pour 4 personnes

250 g de porc émincé
2,5 cuil. à soupe d'huile végétale, d'arachide de préférence
6 œufs battus
2 cuil. à café d'huile de sésame
3 cuil. à soupe d'oignons nouveaux finement hachés
1 petit oignon, coupé en fines rondelles
125 g de petits pois congelés
50 g de jambon, coupé en lanières
2 cuil. à soupe de sauce d'huître
1/2 cuil. à café de sel
1 pincée de poivre noir du moulin

Pour la garniture

Oignons nouveaux émincés

Pour la marinade

2 cuil. à café de sauce soja claire
2 cuil. à café de vin de riz de Shaoxing ou de xérès sec
2 cuil. à café d'huile de sésame
1 cuil. à café de sucre en poudre
1 pincée de sel

Variation des fameuses omelettes chinoises de restauration rapide, cette recette reconstituante est simple à préparer et typique de nombreuses tables familiales chinoises.

1 Dans un saladier, mélangez le porc avec les ingrédients de la marinade.

2 Faites chauffer un wok, puis versez-y 1 cuil. à soupe d'huile végétale. Lorsque l'huile est chaude et légèrement fumante, faites revenir la préparation à base de porc pendant 2 min. Retirez du feu et laissez égoutter dans une passoire.

3 Dans un saladier, mélangez les œufs battus, l'huile de sésame, le sel, le poivre et les oignons nouveaux.

4 Essuyez le wok, chauffez-le de nouveau puis versez-y le reste d'huile végétale. Quand l'huile se met à fumer légèrement, tournez le wok pour bien le tapisser. Faites revenir les oignons, les petits pois et le jambon pendant 3 min. Ensuite, ajoutez la préparation à base d'œufs et faites-la sauter à feu vif en remuant régulièrement, jusqu'à ce que les œufs commencent à prendre. Remettez le porc dans le wok et poursuivez pendant 1 min pour achever la cuisson des œufs et réchauffer la viande.

5 Présentez dans un plat de service, arrosez de sauce d'huître et garnissez avec les oignons nouveaux. Servez aussitôt, accompagné de riz et de légumes pour un repas complet.

Travers de porc à l'aigre-douce
Kun Shao Pai Gu

Pour 4 personnes

375 g de travers de porc charnu

Fécule de maïs pour saupoudrer

1 œuf battu

60 cl d'huile d'arachide

1,5 cuil. à soupe d'huile d'arachide

2 cuil. à soupe d'ail haché

1 petit oignon coupé en fines rondelles

125 g de petits pois congelés

235 g de litchis en conserve égouttés

Pour la marinade

2 cuil. à café de sauce soja claire

2 cuil. à café de vin de riz de Shaoxing ou de xérès sec

1 cuil. à café de sel

1/2 cuil. à café de poivre noir du moulin

Pour la sauce

15 cl de bouillon de poule

1 cuil. à soupe de sauce soja claire

5 cuil. à soupe de vinaigre de riz blanc

3 cuil. à soupe de purée de tomates ou de ketchup

3 cuil. à soupe de sucre en poudre

2 cuil. à café de fécule de maïs délayée dans 1 cuil. à soupe d'eau

1 cuil. à café de sel

Il s'agit sans doute de la spécialité chinoise la plus connue. L'art de ce mets réside dans le savant équilibre entre les saveurs aigres et sucrées, à qui il doit son incontestable succès.

1 Coupez le porc en morceaux de 2,5 cm. Mettez-les dans un saladier avec la marinade et mélangez bien. Couvrez de film alimentaire et laissez mariner au réfrigérateur pendant 30 min.

2 Placez les morceaux de porc sur une feuille de papier cuisson. Saupoudrez-les uniformément de fécule de maïs et secouez-les pour ôter l'excédent. Tournez les morceaux de viande dans l'œuf battu, puis de nouveau dans la fécule de maïs, en veillant à ôter l'excédent.

3 Faites chauffer un wok à feu vif, puis versez-y les 60 cl d'huile d'arachide. Lorsque l'huile est chaude et légèrement fumante, faites dorer les morceaux de viande pendant 5 à 7 min. Procédez en deux fois, au moins. Jetez l'huile et essuyez le wok avec du papier absorbant.

4 Faites chauffer le wok à nouveau à feu vif et versez-y 1,5 cuil. à soupe d'huile. Lorsque l'huile est chaude et légèrement fumante, faites revenir l'ail et l'oignon pendant 2 min. Ajoutez les litchis et tous les ingrédients de la sauce, hormis la pâte de fécule. Portez le tout à ébullition, ajoutez la pâte de fécule et faites cuire jusqu'à épaississement.

5 Réduisez le feu jusqu'à frémissement. Remettez le porc dans le wok et poursuivez la cuisson 3 min le temps de réchauffer la viande. Présentez dans un plat de service et servez aussitôt.

Sauté de bœuf au gingembre

Xin Jiang Chao Nïu Rou

Pour 4 personnes

500 g de filet ou de faux-filet de bœuf

3 cuil. à soupe d'huile végétale, d'arachide de préférence

8 racines de gingembre frais, épluchées et émincées

2 gousses d'ail, coupées en fines rondelles

2 cuil. à soupe de bouillon de poule

2 cuil. à café d'huile de sésame

1 cuil. à soupe de sauce d'huître

Pour la garniture

Oignons nouveaux émincés

Pour la marinade

2 cuil. à café de sauce soja claire

1 cuil. à soupe de vin de riz de Shaoxing ou de xérès sec

2 cuil. à café d'huile de sésame

1 pincée de sucre en poudre

1 cuil. à soupe de fécule de maïs

1/4 de cuil. à café de sel

J'aime le filet de bœuf non seulement parce qu'il est tendre, mais aussi parce qu'il est maigre et rapide à cuire. Le gingembre ajoute une note subtile et épicée à cette spécialité.

1 Coupez le bœuf en morceaux de 3 cm de long et de 5 mm d'épaisseur. Dans un saladier, mettez le bœuf et les ingrédients de la marinade et mélangez bien le tout.

2 Faites chauffer un wok à feu vif et versez-y l'huile végétale. Lorsque l'huile est chaude et légèrement fumante, faites dorer la viande pendant 2 min. Laissez égoutter la viande dans une passoire en laissant 1 cuil. à soupe d'huile dans le wok.

3 Réchauffez rapidement l'huile dans le wok, puis faites revenir le gingembre et l'ail pendant 20 s à feu modéré. Ensuite, versez le bouillon en donnant un tour au mélange. Remettez la viande dans le wok et mélangez. Ajoutez l'huile de sésame et la sauce d'huître, et mélangez.

4 Présentez dans un plat de service, en garnissant avec les oignons nouveaux. Servez aussitôt, accompagné de riz nature ou sauté et de légumes ou de poisson.

Travers de porc à l'étouffée (Shandong)

Ba Zi Rou

Pour 4 personnes

500 g de travers de porc bien charnu

2 cuil. à soupe d'huile végétale, d'arachide de préférence

8 gousses d'ail pilées

8 racines de gingembre frais, épluchées et hachées

4 oignons nouveaux coupés en tronçons de 8 cm

2 cuil. à café de poudre de cinq-épices

3 cuil. à soupe de sucre candi ou cristallisé

2 cuil. à soupe de sauce soja foncée

15 cl de vinaigre de riz noir

15 cl de vin de riz de Shaoxing ou de xérès sec

15 cl de bouillon de poule

Cette recette consiste à blanchir les travers de porc pour les débarrasser de l'excès de graisse, puis de les saisir pour les faire dorer et enfin de les braiser dans une sauce piquante pour les attendrir et leur conférer leur saveur incomparable.

1 Découpez les travers de porc en morceaux de 5 cm. Faites-les blanchir dans de l'eau bouillante salée pendant 10 min. Laissez égoutter et jetez l'eau.

2 Faites chauffer un wok à feu vif et versez-y l'huile. Lorsque l'huile est chaude et légèrement fumante, faites revenir l'ail, le gingembre et les oignons pendant 1 min. Ensuite, faites légèrement dorer les travers de porc pendant 4 min.

3 Ajoutez les ingrédients restants et portez à ébullition. Transvasez dans un faitout, couvrez et laissez mijoter 40 min, jusqu'à ce que la viande soit bien tendre. Servez accompagné de riz.

Sauté de bœuf épicé du Hunan

Sa Cha Niu Nan

Pour 4 personnes

500 g de filet ou de faux-filet de bœuf

3 cuil. à soupe d'huile végétale, d'arachide de préférence

2 cuil. à soupe de haricots noirs grossièrement hachés

2 cuil. à soupe d'ail finement haché

1 cuil. à soupe de gingembre frais, épluché et finement haché

2 poivrons rouges, épépinés et émincés

2 poivrons verts, épépinés et émincés

3 cuil. à soupe de bouillon de poule

1,5 cuil. à soupe de vin de riz de Shaoxing ou de xérès sec

1 cuil. à soupe de sauce soja claire

2 cuil. à café de sucre en poudre

2 cuil. à café d'huile de sésame

Pour la marinade

2 cuil. à café de sauce soja claire

1 cuil. à soupe de vin de riz de Shaoxing ou de xérès sec

2 cuil. à café d'huile de sésame

2 cuil. à café de fécule de maïs

2 cuil. à café de sel

Comme c'est le cas de tous les plats chinois à base de bœuf, cette spécialité met en œuvre des ingrédients forts, épicés et aromatiques pour relever la viande et lui donner une belle couleur.

1 Coupez le bœuf en morceaux de 3 cm de long et de 5 mm d'épaisseur. Empilez-les et émincez-les. Dans un saladier, mettez la viande et tous les ingrédients de la marinade, et mélangez bien le tout.

2 Faites chauffer un wok à feu vif, puis versez-y l'huile végétale. Lorsque l'huile est chaude et légèrement fumante, faites dorer le bœuf pendant 1 min, puis poursuivez la cuisson 1 min de plus, sans cesser de remuer. Laissez égoutter la viande dans une passoire en laissant 1 cuil. à soupe d'huile dans le wok.

3 Réchauffez rapidement l'huile. Faites revenir les haricots noirs, l'ail et le gingembre pendant 20 s à feu modéré. Ajoutez les poivrons et faites-les revenir 20 s. Ensuite, ajoutez le bouillon, le vin de riz, la sauce soja, le sucre et l'huile de sésame. Faites cuire 30 s à feu vif, puis remettez la viande dans le wok et mélangez bien. Présentez dans un plat de service et servez aussitôt, accompagné de riz nature et d'une simple soupe.

Soupe aux boulettes têtes de lion

Shi Ti Tou

Pour 4 personnes

- **500 g de porc gras émincé**
- **1 blanc d'œuf**
- **175 g de châtaignes d'eau fraîches ou en conserve, décortiquées (pour les fraîches) et grossièrement hachées**
- **2 cuil. à soupe de sauce soja claire**
- **1 cuil. à soupe de sauce soja foncée**
- **2 cuil. à soupe de vin de riz de Shaoxing ou de xérès sec**
- **1,5 cuil. à soupe de sucre en poudre**
- **Fécule de maïs pour saupoudrer**
- **3 à 4 cuil. à soupe + 2 cuil. à café d'huile végétale, d'arachide de préférence**
- **2 gousses d'ail pilées**
- **500 g de chou chinois, épluché et coupé en lanières de 5 cm**
- **45 cl de bouillon de poule**
- **2 cuil. à café de sel**
- **1/2 cuil. à café de poivre noir du moulin**

Ce plat à la texture si distinctive est très répandu au nord de la Chine. Il tient son nom des boulettes de viande qui évoqueraient des têtes de lion et au chou qui en dessinerait la crinière.

1 Dans un robot ménager, mettez la viande avec le blanc d'œuf et 4 cuil. à soupe d'eau froide, et mixez pendant 1 min. Le mélange doit être léger et mousseux. N'utilisez pas de blender car le mélange serait trop épais. Ensuite, ajoutez les châtaignes d'eau, les sauces soja, le vin de riz, le sucre, le sel et le poivre, et mixez pendant 30 s.

2 Avec le mélange, confectionnez à la main huit boulettes de taille identique. Saupoudrez chacune d'elles de fécule de maïs. Faites chauffer un wok et versez-y 3 à 4 cuil. à soupe d'huile. Lorsque l'huile est chaude et légèrement fumante, faites dorer les boulettes de viande à feu modéré. Retirez-les du feu et réservez-les.

3 Essuyez le wok avec du papier absorbant et faites-le chauffer de nouveau. Dans le wok chaud, versez 2 cuil. à café d'huile et faites revenir l'ail pendant 10 s. Ajoutez le chou chinois et faites-le revenir pendant 20 s. Ensuite, versez le bouillon et faites cuire 2 min, jusqu'à ce que les feuilles soient tendres. Transvasez le tout dans un grand faitout. Déposez les boulettes sur les feuilles de chou et portez à ébullition. Réduisez le feu au minimum, couvrez et laissez mijoter pendant 1 h 30.

4 Dans un plat de service, disposez le chou, garnissez avec les boulettes et arrosez de sauce. Servez aussitôt.

Perles de viande

Zhen Zhu Rou Wan

Pour 4 personnes

250 g de riz blanc gluant, trempé dans de l'eau pendant une nuit

Pour les boulettes de viande

500 g de porc gras émincé

175 g de châtaignes d'eau fraîches ou en conserve, décortiquées (pour les fraîches) et émincées

50 g de jambon coupé en dés

2 cuil. à soupe de sauce soja claire

1 cuil. à soupe de vin de riz de Shaoxing ou de xérès sec

1 cuil. à soupe de gingembre frais, épluché et haché

2 cuil. à soupe d'oignons nouveaux finement hachés

2 cuil. à café de sucre en poudre

1 œuf battu

1 cuil. à soupe d'huile de sésame

2 cuil. à café de poivre du Sichuan torréfié

2 cuil. à café de fécule de maïs

1 cuil. à café de sel

Pour la garniture

Coriandre fraîche ciselée

Les boulettes de viande sont roulées dans du riz gluant et cuites à la vapeur jusqu'à ce qu'elles brillent comme des perles, d'où leur nom. Elles peuvent être servies en plat de résistance ou en entrée pour les repas de fête.

1 Laissez égoutter le riz et étalez-le sur une feuille de papier cuisson.

2 Dans un saladier, mélangez les ingrédients des boulettes de viande. Prélevez 2 cuil. à soupe de préparation et roulez-la dans vos mains pour réaliser une boulette de la taille d'une balle de golf. Ensuite, roulez-la dans le riz jusqu'à ce que toute la surface en soit recouverte. Répétez jusqu'à épuisement de la préparation. Placez les perles de viande dans un plat allant au four.

3 Utilisez un cuit-vapeur ou disposez un panier au-dessus d'un wok ou d'une grande casserole. Versez 5 cm d'eau chaude dans le cuit-vapeur. Portez l'eau à frémissement. Placez le plat dans le cuit-vapeur, couvrez et faites cuire à feu modéré pendant 15 min. Vérifiez le niveau de l'eau et ajoutez-en au besoin. Les boulettes doivent être cuites en deux fois.

4 Disposez les perles de viande sur un plat, garnissez avec la coriandre et servez aussitôt.

Rognons de porc aux mille parfums
Guai Wei Yao Hua

Pour 4 personnes

500 g de rognons de porc (ou, éventuellement, d'agneau)
2 cuil. à café de bicarbonate de soude
1 cuil. à soupe de vinaigre blanc ou de vinaigre de riz blanc
2 cuil. à café de sel

Pour la sauce

1,5 cuil. à soupe d'huile végétale, d'arachide de préférence
1 cuil. à soupe d'ail haché
2 cuil. à café de gingembre frais, épluché et haché
1 cuil. à soupe de sauce soja foncée
1 cuil. à soupe de vin de riz de Shaoxing ou de xérès sec
1 cuil. à soupe de sucre en poudre
2 cuil. à café de sauce soja claire
2 cuil. à café de vinaigre de riz noir
2 cuil. à café de pâte au piment
1 cuil. à café de grains de poivre du Sichuan, torréfiés et moulus
1 cuil. à café d'huile de sésame
1 cuil. à café d'huile au piment
3 cuil. à soupe d'oignons nouveaux finement hachés

Les rognons sont cuits dans une sauce dite « aux saveurs surprenantes » en chinois, du fait de la richesse et de la variété de ses parfums : épicés, relevés, aigres, doux et salés.

1 À l'aide d'un couteau aiguisé, éliminez la membrane des rognons, puis coupez-les en deux, dans la longueur. Retirez la graisse périphérique ainsi que les parties nerveuses et blanchâtres. Tracez de légers sillons croisés au couteau, puis découpez les rognons en tranches de 2,5 cm.

2 Mélangez les rognons avec le bicarbonate de soude et laissez-les reposer 20 min, pour attendrir la viande et neutraliser son acidité. Passez-les sous l'eau froide, puis tournez-les dans le vinaigre salé pour les débarrasser de leur amertume. Enfin, laissez-les égoutter pendant au moins 30 min dans une passoire.

3 Séchez les tranches de rognon avec du papier absorbant. Faites chauffer un wok à feu vif, puis versez-y l'huile végétale. Lorsque l'huile est chaude et légèrement fumante, faites revenir l'ail et le gingembre pendant 20 s. Ajoutez les rognons et faites-les revenir pendant 1 min. Ajoutez le reste des ingrédients et mélangez le tout. Poursuivez la cuisson pendant 2 min, jusqu'à ce que les bords des rognons commencent à se recourber.

4. Présentez dans un plat de service et servez aussitôt, accompagnés de riz nature et de légumes sautés.

Émincé de porc à la pékinoise
Jing Du Rou Si

Pour 4 personnes

500 g de porc maigre, émincé
1,5 cuil. à soupe d'huile végétale, d'arachide de préférence
2 cuil. à soupe d'ail finement haché
2 cuil. à soupe de sauce aux haricots jaunes concassés
1 cuil. à soupe de vin de riz de Shaoxing ou de xérès sec
1 cuil. à soupe de sauce hoisin
4 oignons nouveaux émincés

Pour la marinade

2 cuil. à café de sauce soja foncée
2 cuil. à café de sauce soja claire
1 cuil. à soupe de vin de riz de Shaoxing ou de xérès sec
1/2 cuil. à café de sucre en poudre
1 cuil. à café d'huile de sésame
2 cuil. à café de fécule de maïs
1/4 de cuil. à café de sel

Cette recette rapide et simple à réaliser marie la viande préférée des Chinois, le porc, à la célèbre sauce à la pékinoise, connue pour la richesse de ses saveurs.

1 Dans un saladier, mettez le porc et les ingrédients de la marinade, et mélangez bien le tout.

2 Faites chauffer un wok puis versez-y l'huile. Lorsque l'huile est chaude et légèrement fumante, faites revenir le porc pendant 1 min. Ajoutez l'ail, la sauce aux haricots, le vin de riz et faites cuire le tout pendant 1 min. Ensuite, ajoutez la sauce hoisin, les oignons et poursuivez la cuisson pendant 1 min, sans cesser de remuer.

3 Présentez dans un plat de service et servez aussitôt, accompagnés de riz nature et de légumes.

Bœuf à l'orange

Gui Zhou Niu Rou

Pour 4 personnes

500 g de filet ou de faux-filet de bœuf

3 cuil. à soupe d'huile végétale, d'arachide de préférence

2 cuil. à soupe d'ail finement haché

2 cuil. à soupe de gingembre frais, épluché et finement haché

1 petit oignon grossièrement haché

3 cuil. à soupe de légumes saumurés à la sichuanaise, rincés et finement hachés

2 gros piments rouges frais, épépinés et émincés

2 cuil. à soupe de zeste d'agrume séché, trempé dans de l'eau chaude pendant 20 min, égoutté et grossièrement haché ou du zeste d'orange finement râpé

2 cuil. à soupe de bouillon de poule

1,5 cuil. à soupe de vin de riz de Shaoxing ou de xérès sec

1 cuil. à soupe de pâte de piment

1 cuil. à soupe de sauce soja foncée

2 cuil. à café de grains de poivre du Sichuan, torréfiés et moulus

2 cuil. à café de sucre en poudre

2 cuil. à café d'huile de sésame

Sel

Le bœuf, qui occupe une place secondaire dans la gastronomie chinoise, est relevé par une marinade à la saveur particulière, puis sauté avec du zeste d'agrume pour une recette inspirée de la cuisine de Guizhou.

1 Coupez le bœuf en tranches de 3 cm de long et de 5 mm d'épaisseur. Empilez les tranches et émincez-les finement. Dans un saladier, mélangez le bœuf et les ingrédients de la marinade.

2 Faites chauffer un wok à feu vif, puis versez l'huile végétale. Lorsque l'huile est chaude et légèrement fumante, faites dorer le bœuf pendant 1 min, puis poursuivez la cuisson 1 min de plus. Laissez égoutter la viande dans une passoire en laissant 1 cuil. à soupe d'huile dans le wok.

Pour la garniture

Oignons nouveaux émincés

Pour la marinade

2 cuil. à café de sauce soja claire

2 cuil. à café de sauce soja foncée

1 cuil. à soupe de vin de riz de Shaoxing ou de xérès sec

2 cuil. à café de gingembre frais, épluché et finement haché

2 cuil. à café d'huile de sésame

1 cuil. à café de sucre en poudre

2 cuil. à café de fécule de maïs

2 cuil. à café de sel

3 Réchauffez rapidement le wok et l'huile. Dans l'huile chaude, faites revenir l'ail et le gingembre pendant 20 s à feu modéré. Ajoutez l'oignon, les légumes saumurés, les piments, le zeste et faites-les revenir pendant 20 s. Ensuite, ajoutez le bouillon, le vin de riz, la pâte de piment, la sauce soja, le poivre, le sucre et l'huile de sésame. Faites cuire 30 s à feu vif, puis remettez la viande dans le wok. Rectifiez l'assaisonnement en sel et mélangez bien le tout.

4 Présentez dans un plat de service, garnissez avec les oignons et accompagnez de riz, d'une soupe ou de légumes.

Porc sauté, légumes et laitue pommée

Qi Cai Song

Pour 4 à 6 personnes

25 g de champignons chinois séchés

1 grosse laitue pommée

500 g d'émincés de porc

1,5 cuil. à soupe d'huile végétale, d'arachide de préférence

2 cuil. à soupe d'ail finement haché

125 g de châtaignes d'eau fraîches ou en conserve, décortiquées (pour les fraîches) et hachées

1 piment rouge, épépiné et haché

6 cuil. à soupe d'oignons nouveaux finement hachés

1 cuil. à soupe de sauce soja foncée

3 cuil. à soupe de sauce d'huître

1 cuil. à café de sucre en poudre

Pour la marinade

1 cuil. à soupe de sauce soja claire

1 cuil. à soupe de vin de riz de Shaoxing ou de xérès sec

1 cuil. à café de sucre en poudre

1 blanc d'œuf

2 cuil. à soupe de bouillon de poule froid

2 cuil. à café d'huile de sésame

Poivre noir du moulin

1/2 cuil. à soupe de sel

Cette recette du sud de la Chine propose une préparation à base de porc servie au creux d'une feuille de salade fraîche, accompagnée de champignons fumés et d'une savoureuse sauce d'huître.

1 Faites tremper les champignons 20 min dans de l'eau chaude. Laissez-les égoutter et pressez-les. Avec un petit couteau, sectionnez et éliminez les queues, puis hachez les chapeaux. Détachez les feuilles de laitue et disposez-les sur un plat.

2 Dans un saladier, mélangez le porc et les ingrédients de la marinade.

3 Faites chauffer un wok, puis versez-y l'huile végétale. Lorsque l'huile est chaude et légèrement fumante, faites revenir la préparation à base de porc pendant 2 min. Ajoutez l'ail et faites revenir le tout pendant 1 min. Ensuite, ajoutez les châtaignes d'eau, le piment et les oignons. Poursuivez la cuisson pendant 2 min, jusqu'à ce que le jus se soit évaporé. Ajoutez la sauce soja, la sauce d'huître et le sucre, et poursuivez la cuisson 2 min à feu vif.

4 Mélangez bien, puis servez accompagné des feuilles de laitue. Laissez les convives se servir de laitue et la garnir à leur convenance. Accompagnez de riz ou d'autres plats chinois.

Porc braisé sauté

Hui Guo Rou

Pour 4 personnes

1 kg de poitrine de porc ou de travers charnu, coupé en morceaux de 5 cm

4 racines de gingembre frais, épluchées

6 oignons nouveaux

2 cuil. à soupe d'huile végétale, d'arachide de préférence

3 cuil. à soupe d'ail finement haché

1 petit oignon coupé en fines rondelles

1 poivron rouge, épépiné et coupé en fines rondelles

1 poivron vert, épépiné et coupé en fines rondelles

250 g de poireaux, épluchés et émincés

3 cuil. à soupe de bouillon de poule

2 cuil. à soupe de sauce hoisin

1 cuil. à soupe de pâte de piment

2 cuil. à soupe de vin de riz de Shaoxing

1 cuil. à soupe de sauce soja foncée

1 cuil. à café de sucre en poudre

La saveur de la viande de porc est concentrée dans le gras, mais l'inconvénient des viandes grasses est leur texture caoutchouteuse et huileuse. Pour remédier à cela, les Chinois pratiquent la technique de la double cuisson – braiser et sauter – depuis des temps immémoriaux.

1 Portez une casserole d'eau salée à ébullition, jetez-y la viande et laissez frémir pendant 10 min, en écumant régulièrement. Ajoutez le gingembre et les oignons nouveaux. Placez sur feu doux, couvrez et laissez mijoter 30 min. Laissez égoutter la viande dans une passoire et jetez l'eau et les condiments.

2 Faites chauffer un wok à feu vif, puis versez-y l'huile. Lorsque l'huile est chaude et légèrement fumante, faites revenir la viande pendant 5 min, jusqu'à ce que la poitrine de porc rende de la graisse ou que les travers soient dorés.

3 Jetez la graisse pour n'en conserver que 1 cuil. à soupe. Faites revenir l'ail, l'oignon, les poivrons et les poireaux pendant 4 min, jusqu'à ce que les légumes soient tendres. Ajoutez les ingrédients restants, réduisez le feu, couvrez et faites braiser pendant 15 min, jusqu'à ce que le tout soit tendre. Présentez dans un plat de service et servez aussitôt, accompagné de riz nature.

Ragoût de bœuf aux radis chinois

Luo Bo Po Niu Nan

Pour 4 personnes

1 kg de poitrine de bœuf (avec de la graisse et des tendons), coupée en cubes de 4 cm

2 cuil. à soupe d'huile végétale, d'arachide de préférence

2 cuil. à soupe de gingembre frais, épluché et finement haché

4 oignons nouveaux coupés en tronçons de 5 cm

4 gousses d'ail entières, légèrement pilées

500 g de radis chinois, épluchés et coupés en morceaux de 5 cm

Pour la garniture

Oignons nouveaux émincés

Pour la sauce à braiser

3 cuil. à soupe de vin de riz de Shaoxing

2 cuil. à soupe de sauce soja foncée

1 cuil. à soupe de sauce soja claire

3 cuil. à soupe de sauce hoisin

2 cuil. à soupe de sauce aux haricots jaunes concassés

1 cuil. à soupe de pâte de piment

2 cuil. à soupe de sucre cristallisé

3 anis étoilés entières

1,2 l de bouillon de poule

1/2 cuil. à café de poivre noir du moulin

Bon marché, la poitrine de bœuf est idéale pour les temps de cuisson prolongés qui permettent aux épices d'imprégner la viande de leurs saveurs subtiles. Le radis blanc chinois se marie à merveille avec le bœuf. Vous pouvez le remplacer par des navets ou des carottes.

1 Portez une grande casserole d'eau à ébullition. Plongez-y la viande et faites-la blanchir pendant 10 min, en écumant régulièrement. Laissez égoutter la viande et jetez l'eau.

2 Faites chauffer un wok, puis versez-y l'huile. Lorsque l'huile est chaude et légèrement fumante, faites revenir le gingembre, les oignons nouveaux et l'ail pendant 1 min. Ajoutez le bœuf et faites-le dorer pendant 10 min. Jetez l'huile superflue.

3 Transvasez la viande dans un faitout ou une grande casserole. Ajoutez les ingrédients de la sauce à braiser et portez à ébullition. Mettez à feu doux, couvrez et laissez mijoter 1 h 30, jusqu'à ce que la viande soit tendre. Ajoutez les radis et poursuivez la cuisson pendant 30 min. Ôtez la graisse remontant à la surface.

4 Présentez sur un plat de service et garnissez avec les oignons nouveaux. Le riz nature est un accompagnement incontournable de ce plat savoureux qui peut se déguster immédiatement ou bien réchauffé.

Bœuf aux pois gourmands

Xue Dou Nïu Rou Pian

Pour 4 personnes

500 g de filet ou de faux-filet de bœuf
2 cuil. à café de sauce soja claire
1 cuil. à soupe de vin de riz de Shaoxing ou de xérès sec
6 cuil. à café d'huile de sésame
1 pincée de sucre en poudre
2 cuil. à café de fécule de maïs
3 cuil. à soupe d'huile végétale, d'arachide de préférence
2 gousses d'ail, légèrement pilées
250 g d'épis de maïs nains frais ou en conserve
3 cuil. à soupe de bouillon de poule
250 g de pois gourmands, extrémités coupées
2 cuil. à soupe de sauce soja
Sel

Ce sauté de bœuf tout simple se prépare de préférence avec un morceau de bœuf maigre et tendre. Cette recette illustre la prédilection de la gastronomie chinoise pour les couleurs, les textures ainsi que les saveurs contrastées.

1 Coupez la viande en tranches de 3 cm de long et de 1 cm d'épaisseur. Dans un saladier, mettez le bœuf, la sauce soja, le vin de riz, 4 cuil. à café d'huile de sésame, du sel, le sucre et la fécule de maïs. Mélangez bien et réservez.

2 Faites chauffer un wok à feu vif, puis versez-y l'huile végétale. Lorsque l'huile est chaude et légèrement fumante, faites revenir le bœuf pendant 1 min 30. Laissez égoutter la viande dans une passoire en laissant 1 cuil. à soupe d'huile dans le wok.

3 Réchauffez le wok et l'huile. Faites-y revenir l'ail pendant 10 s à feu modéré. Ajoutez le maïs et le bouillon, et faites cuire 2 min à feu vif. Ajoutez les pois gourmands et faites cuire 1 min supplémentaire. Remettez la viande dans le wok et mélangez bien. Ajoutez la sauce soja et le reste d'huile de sésame, et laissez cuire 30 s. Donnez plusieurs tours à la préparation, puis présentez-la dans un plat de service. Servez aussitôt.

Raviolis frits à l'aigre-douce

Zha Huntun

Pour 30 à 35 raviolis

250 g de pâte à raviolis

60 cl d'huile végétale, pour la friture

Pour la farce

375 g de crevettes crues, décortiquées, déveinées et hachées ou grossièrement émincées

125 g de chair à saucisse

4 cuil. à soupe d'oignons nouveaux émincés

2 cuil. à café de vin de riz de Shaoxing ou de xérès sec

1 cuil. à café de sucre en poudre

2 cuil. à café d'huile de sésame

1 blanc d'œuf légèrement battu

1/2 cuil. à café de poivre blanc du moulin

2 cuil. à café de sel

Pour la sauce aigre-douce

2 cuil. à soupe de sucre en poudre

3 cuil. à soupe de vinaigre de riz blanc

3 cuil. à soupe de concentré de tomates ou de ketchup

1 cuil. à café de fécule de maïs délayée dans 2 cuil. à café d'eau

1/2 cuil. à café de poivre blanc du moulin

1 cuil. à café de sel

De simple raviolis deviennent un délicieux en-cas pour peu qu'on les trempe dans une sauce aigre-douce. Cette sauce peut être confectionnée la veille, conservée au réfrigérateur et portée à température ambiante avant de servir.

1 Pour la farce, mettez les crevettes et la chair à saucisse dans un grand saladier, salez, poivrez et mélangez bien le tout, soit en malaxant avec les mains, soit à l'aide d'une cuillère en bois. Ajoutez les derniers ingrédients de la farce et incorporez-les bien au mélange. Recouvrez de film alimentaire et laissez 20 min au réfrigérateur.

2 Dans une petite casserole, mélangez tous les ingrédients de la sauce, sauf la pâte de fécule, avec 15 cl d'eau. Portez le mélange à ébullition, incorporez la pâte de fécule et faites cuire pendant 1 min.

3 Pour farcir les raviolis, placez 1 cuil. à soupe de farce au centre d'une feuille. Humectez les bords avec un peu d'eau, et étirez-les vers le haut de manière à enfermer la farce. Donnez délicatement un quart de tour pour refermer le ravioli, qui doit ressembler à un petit sac bien rempli.

4 Faites chauffer un wok à feu vif, puis versez-y l'huile de friture. Lorsque l'huile est chaude et légèrement fumante, jetez-y une poignée de raviolis. Laissez-les frire 3 min, jusqu'à ce qu'ils soient dorés et croustillants. Retirez-les à l'aide d'une écumoire et laissez-les égoutter sur du papier absorbant. Procédez de même avec tous les raviolis. Servez aussitôt, accompagnés de la sauce aigre-douce.

Rouleaux de printemps

Chun Juan

Pour 15 à 20 rouleaux

- **1 paquet de feuilles à rouleaux de printemps, de riz de préférence**
- **25 g de champignons chinois séchés**
- **125 g de crevettes crues, décortiquées, déveinées et émincées**
- **125 g de porc haché**
- **1,5 cuil. à soupe + 1,2 l d'huile végétale, d'arachide de préférence**
- **2 cuil. à soupe d'ail, finalement haché**
- **1 cuil. à soupe de gingembre frais, épluché et finement haché**
- **1,5 cuil. à soupe de sauce soja claire**
- **1 cuil. à soupe de vin de riz de Shaoxing ou de xérès sec**
- **3 cuil. à soupe d'oignons nouveaux, finement hachés**
- **250 g de chou chinois, finement émincé**
- **1 œuf battu**
- **Sauce aigre-douce (voir page 62), en accompagnement**
- **1 cuil. à café de poivre noir du moulin**
- **1 cuil. à café de sel**

Il existe deux types de feuilles à rouleaux de printemps : les galettes de blé, lisses et denses, utilisées à Canton, et les feuilles de riz, transparentes et légères, utilisées à Shanghai, qui ont ma préférence.

1 Si vous utilisez des feuilles de riz surgelées, veillez à ce qu'elles soient parfaitement décongelées. Faites tremper les champignons 20 min dans de l'eau, laissez-les égoutter et pressez-les. Avec un petit couteau, sectionnez et éliminez les queues, puis émincez les chapeaux.

2 Dans un petit saladier, mélangez les crevettes, le porc et les ingrédients de la marinade.

3 Faites chauffer un wok à feu vif, puis ajoutez 1,5 cuil. à soupe d'huile végétale. Lorsque l'huile est chaude et légèrement fumante, faites revenir l'ail et le gingembre pendant 20 s. Ajoutez les ingrédients restants, sauf l'œuf battu, la sauce et le reste d'huile végétale, et faites cuire pendant 5 min. Laissez refroidir complètement.

4 Déposez 3 à 4 cuil. à soupe de mélange au centre de chaque feuille, rabattez les côtés et roulez la feuille en la serrant. Badigeonnez l'extrémité de la feuille avec l'œuf battu pour fermer le rouleau.

5 Essuyez le wok avec du papier absorbant et remettez-le sur feu vif, puis versez-y 1,2 l d'huile végétale. Lorsque l'huile est chaude et légèrement fumante, plongez quelques rouleaux de printemps. Ils ne doivent pas se superposer. Laissez-les frire 4 min, jusqu'à ce qu'ils soient dorés et cuits à l'intérieur, en ajustant le feu au besoin. Retirez-les à l'aide d'une écumoire et laissez-les égoutter sur du papier absorbant. Vous devrez les faire frire en plusieurs fois.

Pour la marinade

1 cuil. à café de sauce soja claire
1 cuil. à café de vin de riz de Shaoxing ou de xérès sec
1/2 cuil. à café de fécule de maïs
1/2 cuil. à café d'huile de sésame
1/4 de cuil. à café de poivre noir du moulin
1/2 cuil. à café de sel

6 Servez-les aussitôt, chauds et croustillants, accompagnés de la sauce aigre-douce.

Volailles

Poulet aux noix

He Tao Ji Ding

Pour 4 à 6 personnes

500 g de blancs de poulet, pelés et coupés en cubes de 1 cm

1 blanc d'œuf

2 cuil. à café de fécule de maïs

125 g de noix décortiquées, cerneaux ou morceaux

30 cl d'huile végétale, d'arachide de préférence

1 cuil. à soupe d'ail finement haché

2 cuil. à café de gingembre frais, épluché et finement haché

2 cuil. à soupe d'oignons nouveaux finement hachés

1 cuil. à soupe de vin de riz de Shaoxing ou de xérès sec

1 cuil. à soupe de sauce soja claire

2 cuil. à café de sauce soja foncée

1 cuil. à café d'huile de sésame

1 cuil. à café de sel

Pour la garniture

Oignons nouveaux émincés

Ce sauté classique allie la saveur et le croquant des noix et la tendreté, la délicatesse et la douce texture du poulet enrobé de blanc d'œuf et de fécule de maïs.

1 Dans un petit saladier, mélangez le poulet, le blanc d'œuf, le sel et la fécule de maïs. Couvrez de film alimentaire et laissez 20 min au réfrigérateur. Pendant ce temps, faites blanchir les noix dans de l'eau bouillante pendant 5 min, puis laissez-les égoutter.

2 Faites chauffer un wok, puis versez-y l'huile végétale. Lorsque l'huile est chaude et légèrement fumante, retirez le wok du feu. Ajoutez-y le poulet et mélangez vigoureusement. Laissez-le 3 min dans l'huile chaude, jusqu'à ce qu'il blanchisse. Laissez-le égoutter dans une passoire, en réservant l'huile.

3 Essuyez le wok avec du papier absorbant et remettez-le sur feu vif. Ensuite, versez-y 1 cuil. à soupe de l'huile du poulet réservée (l'huile restante peut être conservée pour une utilisation ultérieure). Ajoutez les noix et faites sauter 30 s. Ajoutez l'ail, le gingembre et les oignons nouveaux, et faites revenir le tout pendant 30 s.

4 Remettez le poulet dans le wok et faites-le sauter pendant 1 min. Ajoutez ensuite le vin de riz et les sauces soja, et poursuivez la cuisson 2 min, jusqu'à ce que le poulet soit cuit. Incorporez l'huile de sésame. Garnissez avec les oignons nouveaux et servez aussitôt.

Poulet bouilli à la sauce piquante (Jiangxi)

Liu Lang Ji

Pour 4 à 6 personnes

1 poulet élevé en plein air de 1,5 à 1,75 kg

6 racines de gingembre frais

6 oignons nouveaux entiers

1 cuil. à soupe d'huile végétale, d'arachide de préférence

2 cuil. à café d'huile de sésame

1 cuil. à soupe de sel

Pour la sauce

2 cuil. à soupe d'ail finement haché

2 gros piments rouges coupés en fines rondelles (épépinés pour une sauce moins piquante)

6 cuil. à soupe d'oignons nouveaux finement hachés

2 cuil. à soupe de coriandre fraîche finement hachée

12,5 cl de sauce soja foncée

1 cuil. à soupe de pâte au piment

1 cuil. à soupe de vin de riz de Shaoxing ou de xérès sec

1 cuil. à soupe de vinaigre de riz blanc

2 cuil. à café de sucre en poudre

Poivre noir du moulin

Lentement cuit dans un bouillon tiède, ce poulet dévoile une chair délicate et savoureuse, agréablement accompagnée d'une sauce piquante à la manière du Nord.

1 Frottez uniformément le poulet avec le sel. Placez-le dans une grande casserole, puis couvrez d'eau et portez à ébullition. Ajoutez le gingembre et les oignons nouveaux. Couvrez, mettez à feu doux et laissez mijoter pendant 20 min. Éteignez le feu et laissez reposer pendant 1 h, à couvert.

2 Dans un saladier en inox, mélangez les ingrédients de la sauce. Faites chauffer un wok, puis versez-y l'huile végétale et l'huile de sésame. Quand l'huile est chaude et légèrement fumante, versez-la sur les ingrédients de la sauce et mélangez bien le tout. La sauce est prête.

3 Placez le poulet sur une planche à découper. Récupérez le jus et réservez-le (il peut être utilisé comme un bouillon clair). Coupez délicatement le poulet et présentez-le dans un plat de service. Versez la sauce sur le poulet et servez aussitôt.

Poulet sauce citron (Guangdong)
Nï Meng Ji

Pour 4 à 6 personnes

500 g de blancs de poulet, pelés et coupés en cubes de 1 cm

1 blanc d'œuf

2 cuil. à café de fécule de maïs

12,5 cl d'huile végétale, d'arachide de préférence

1 cuil. à soupe d'ail finement haché

6 cuil. à soupe de bouillon de poule

2 cuil. à soupe de jus de citron fraîchement pressé

1 zeste de citron finement râpé

1 cuil. à soupe de vin de riz de Shaoxing ou de xérès sec

1 cuil. à soupe de sucre en poudre

1 cuil. à soupe de sauce soja claire

2 cuil. à soupe d'oignons nouveaux finement hachés

2 cuil. à café de fécule de maïs délayée dans 1 cuil. à soupe d'eau

2 cuil. à café d'huile de sésame

1 cuil. à café de sel

Pour la garniture

Oignons nouveaux émincés

Véritable classique des dîners de l'ouest de la Chine, ce plat serait originaire du sud du pays, préparé avec du zeste de mandarine au goût bien plus prononcé.

1 Dans un petit saladier, mélangez le poulet, le blanc d'œuf, le sel et la fécule. Couvrez de film alimentaire et laissez au réfrigérateur pendant 20 min.

2 Faites chauffer un wok, puis versez-y l'huile végétale. Lorsque l'huile est chaude et légèrement fumante, retirez du feu. Ajoutez le poulet, mélangez énergiquement et laissez-le 2 min, jusqu'à ce qu'il blanchisse. Laissez égoutter dans une passoire en réservant l'huile.

3 Essuyez le wok avec du papier absorbant et remettez-le sur feu vif. Quand le wok est chaud, versez-y 1 cuil. à soupe de l'huile réservée. Dans l'huile chaude, faites dorer l'ail pendant 10 s. Ajoutez le reste des ingrédients, sauf la pâte de fécule et l'huile de sésame. Portez le tout à frémissement, puis ajoutez la fécule de maïs et laissez frémir encore 1 min.

4 Remettez le poulet dans la sauce et faites cuire 2 min en mélangeant pour bien enrober les morceaux. Incorporez l'huile de sésame. Présentez dans un plat de service, garnissez avec les oignons nouveaux et servez aussitôt.

Roulés au canard laqué

Beijing Kao Ya et Bao Bing

Pour 4 à 6 personnes

1 canard de Barbarie de 1,5 à 1,75 kg frais ou surgelé

Pour la sauce à laquer

4 cuil. à soupe de miel

3 cuil. à soupe de sauce soja foncée

3 cuil. à soupe de vinaigre de riz noir

Pour les galettes de blé

300 g de farine + un peu pour saupoudrer

2 cuil. à soupe d'huile de sésame

Pour servir

6 oignons nouveaux grossièrement découpés

6 cuil. à soupe de sauce hoisin

La confection du canard laqué est élevée au rang d'art en Chine. J'ai toutefois élaboré une méthode plus simple offrant un résultat très proche du véritable canard laqué. Le secret, c'est qu'il faut prendre son temps.

1 Si vous avez choisi un canard surgelé, laissez-le bien décongeler. Passez-le sous l'eau et séchez-le avec du papier absorbant. Enfoncez un crochet à viande au niveau du cou.

2 Dans une grande casserole, portez 1,2 l d'eau à ébullition et plongez-y plusieurs fois le canard. Laissez-le égoutter, puis suspendez-le dans un endroit frais et sec pendant 1 h.

3 Versez les ingrédients de la sauce à laquer dans l'eau et portez le tout à ébullition. Mettez à feu doux et laissez mijoter pendant 20 min. À l'aide d'une grosse cuillère ou d'une louche, arrosez plusieurs fois le canard, jusqu'à ce que la peau soit complètement recouverte de sauce. Suspendez le canard dans un lieu frais et bien aéré et laissez-le sécher toute une nuit. Vous pouvez aussi le suspendre devant un ventilateur à air froid pendant 8 h, au moins. Placez une lèchefrite sous le canard pour récupérer les gouttes de sauce. Une fois que le canard est sec, sa peau semble parcheminée.

4 Placez le canard sur une grille, posée sur une lèchefrite, la poitrine sur le dessus. Versez 15 cl d'eau dans la lèchefrite pour éviter les projections de graisse. Préchauffez le four à 240 °C (th. 8), puis faites rôtir le canard pendant 15 min. Réduisez à 180 °C (th. 6) et poursuivez la cuisson 1 h. Retirez du four et laissez reposer au moins 10 min avant de découper.

5 Pendant ce temps, confectionnez les galettes. Versez la farine dans un grand saladier et ajoutez progressivement 25 à 27,5 cl d'eau chaude sans cesser de remuer à l'aide d'une baguette ou d'une fourchette pour éviter la formation de grumeaux. Retirez la pâte du saladier et pétrissez-la à la main pendant 10 min. Remettez-la dans le saladier, couvrez d'un torchon propre et humide, et laissez reposer 30 min.

6 Retirez la pâte du saladier et pétrissez-la 5 min, en saupoudrant de farine si elle est collante. Quand la pâte est souple, faites-en un rouleau de 46 cm de long et de 2,5 cm de diamètre environ. À l'aide d'un couteau, découpez-le en 18 portions égales, que vous formerez en boules.

7 Prenez deux boules. Imbibez le côté de l'une des boules d'huile de sésame, puis placez-la côté huilé sur l'autre boule. À l'aide d'un rouleau à pâtisserie, étalez la pâte pour former une galette de 15 cm de diamètre (ainsi, la pâte reste humide à l'intérieur, ce qui vous permet de l'étaler plus finement et d'éviter de la cuire de trop).

8 Faites chauffer un wok ou une sauteuse à feu très doux. Déposez-y la double galette et laissez-la cuire jusqu'à ce qu'un côté soit sec. Retournez-la et faites-la cuire de l'autre côté. Retirez la double crêpe de la poêle, détachez les deux parties et réservez. Répétez l'opération pour toutes les boules de pâte. Réchauffez les galettes à la vapeur (le four risquerait de les sécher) ; vous pouvez également les envelopper dans du film alimentaire et les réchauffer 1 min au four à micro-ondes. Emballez-les soigneusement dans du film alimentaire pour les congeler, puis laissez-les décongeler au réfrigérateur avant de les utiliser.

9 À l'aide d'un couteau bien aiguisé, découpez le canard et la peau, et présentez le tout sur un plat chaud. Servez avec 8 à 12 galettes et, dans un petit bol, les oignons et la sauce hoisin. Les convives garnissent leur galette avec de la sauce, un peu de peau croustillante, de la viande et de l'oignon nouveau puis enroulent le tout. On peut tenir ces roulés avec les doigts ou à l'aide de baguettes.

Salade de poulet froid à la sichuanaise

Bang Bang Ji

Pour 4 personnes

375 g de concombre, épluché, épépiné et coupé en rondelles

60 cl de bouillon de poule ou d'eau

2 oignons nouveaux entiers

4 racines de gingembre frais épluchées

500 g de blancs de poulet pelés

1,5 cuil. à café de sel

Pour la garniture

Oignons nouveaux émincés

Pour la sauce

1,5 cuil. à soupe de pâte de sésame ou de beurre de cacahuète crémeux

1,5 cuil. à soupe de sauce soja claire

1,5 cuil. à soupe de sauce soja foncée

1 cuil. à soupe de sucre en poudre

1 cuil. à soupe d'huile au piment

1 cuil. à soupe de vinaigre de riz blanc

2 cuil. à café d'huile de sésame

2 cuil. à soupe de grains de poivre du Sichuan, torréfiés et moulus

Le « bang bang » du nom chinois de la recette rappelle que la chair de la volaille, souvent maigre et coriace, peut être battue afin d'être attendrie. Voilà un succulent plat pour la saison estivale.

1 Mettez le concombre dans une passoire et salez-le. Laissez dégorger 15 min. Mettez le concombre sur un torchon et pressez le tout pour extraire un maximum de jus. Présentez sur un plat et réservez.

2 Portez le bouillon à frémissement dans une petite casserole. Ajoutez les oignons entiers, le gingembre et le poulet, et laissez mijoter 5 min. Retirez du feu, couvrez et laissez reposer pendant 15 min. Retirez le poulet à l'aide d'une écumoire et laissez-le refroidir. Réservez le bouillon pour une utilisation ultérieure.

3 Dans un saladier, mélangez tous les ingrédients de la sauce et réservez.

4 À la main, déchirez la viande en longues lanières. Disposez-les sur le concombre et répartissez uniformément la sauce. Garnissez avec les oignons nouveaux et servez aussitôt.

Poulet à l'étouffée à la sauce d'huître

Shen Xian Hao You Ji

Pour 2 à 4 personnes

25 g de champignons chinois séchés

500 g de blancs de poulet, pelés et coupés en cubes de 4 cm

2 cuil. à soupe d'huile végétale, d'arachide de préférence

1,5 cuil. à soupe d'ail finement haché

2 cuil. à café de gingembre frais, épluché et finement haché

3 cuil. à soupe de sauce d'huître

2 cuil. à soupe de vin de riz de Shaoxing ou de xérès sec

2 cuil. à café de sauce soja claire

2 cuil. à café de sauce soja foncée

1 cuil. à café d'huile de sésame

25 cl de bouillon de poule

Pour la garniture

Oignons nouveaux émincés

Pour la marinade

1 cuil. à soupe de sauce soja claire

2 cuil. à café de vin de riz de Shaoxing ou de xérès sec

1 cuil. à café d'huile de sésame

2 cuil. à café de fécule de maïs

1/2 cuil. à café de poivre noir du moulin

1 cuil. à café de sel

Dans ce mélange improbable, la sauce d'huître – qui n'a pas le goût de poisson, comme vous le savez – ajoute une saveur à la fois riche et raffinée relevant agréablement la chair délicate du poulet.

1 Faites tremper les champignons 20 min dans de l'eau chaude, laissez-les égoutter et pressez-les. Avec un petit couteau, sectionnez et éliminez les queues, puis coupez les chapeaux en quatre.

2 Dans un saladier, mélangez le poulet avec les ingrédients de la marinade, couvrez de film alimentaire et laissez mariner 20 min.

3 Faites chauffer un wok à feu vif, puis versez-y l'huile végétale. Lorsque l'huile est chaude et légèrement fumante, faites dorer le poulet pendant 5 min. Ensuite, laissez-le égoutter dans une passoire en réservant l'huile, puis transvasez-le dans un faitout.

4 N'essuyez pas le wok. Faites-le chauffer à feu modéré, ajoutez 1 cuil. à soupe de l'huile réservée. Faites revenir l'ail et le gingembre pendant 10 s dans l'huile chaude. Versez la sauce d'huître, le vin de riz, les sauces soja, l'huile de sésame et le bouillon. Portez le tout à ébullition et ajoutez les champignons. Versez le tout dans le faitout contenant le poulet.

5 Portez le mélange à frémissement, couvrez et faites cuire à feu doux pendant 15 min. Présentez dans un plat de service, garnissez avec les oignons nouveaux et servez aussitôt.

Canard en lanières croustillantes

Xiang Su Ya

Pour 4 personnes

- **1 canard de Barbarie de 1,5 à 1,75 kg, frais ou surgelé**
- **3 cuil. à soupe de sauce soja foncée**
- **Fécule de maïs, pour enrober**
- **1,2 l d'huile végétale, d'arachide de préférence, pour la friture**

Pour la marinade

- **1 cuil. à soupe de poudre de cinq-épices**
- **4 cuil. à soupe de vin de riz de Shaoxing ou de xérès sec**
- **6 oignons nouveaux entiers**
- **12 racines de gingembre frais**
- **1 cuil. à soupe de grains de poivre du Sichuan, torréfiés et moulus**
- **2 cuil. à soupe de sel**

En accompagnement

- **Galettes (voir pages 74-77)**
- **Oignons nouveaux grossièrement émincés**
- **Sauce hoisin**

Ce plat très populaire demande un certain temps de préparation, mais cela en vaut la chandelle. La vapeur dégraisse la chair du canard tandis que la friture lui donne sa texture croustillante caractéristique.

1 Si vous avez choisi un canard surgelé, laissez-le bien décongeler. Passez-le sous l'eau et séchez-le avec du papier absorbant.

2 Dans un bol, mélangez le sel, la poudre de cinq-épices, le poivre du Sichuan et le vin de riz. Frottez-en l'intérieur et l'extérieur du canard. Placez le gingembre et les oignons dans le ventre du canard. Couvrez de film alimentaire et laissez mariner 8 h, ou toute une nuit, au réfrigérateur.

3 Placez le canard dans un plat à bords hauts et résistant à la chaleur. Utilisez un cuit-vapeur ou disposez un panier au-dessus d'un wok ou d'une grande casserole. Versez 5 cm d'eau chaude dans le cuit-vapeur, le wok ou la casserole. Portez l'eau à frémissement. Placez le plat de canard dans le cuit-vapeur ou dans le panier. Couvrez le cuit-vapeur et faites cuire à feu modéré pendant 2 h. Ajoutez un peu d'eau de temps en temps et jetez l'importante quantité de graisse s'accumulant au fond du plat.

4 Retirez délicatement le canard du cuit-vapeur et laissez-le refroidir au moins 1 h. À l'aide d'un fendoir ou d'un couteau bien aiguisé, coupez le canard en deux. Arrosez la peau de sauce soja et saupoudrez de fécule de maïs.

5 Faites chauffer le wok à feu vif, puis versez-y l'huile. Lorsqu'elle est chaude et légèrement fumante, faites dorer le poulet côté peau pendant 3 min, jusqu'à ce que la peau soit croustillante. Laissez égoutter sur du papier absorbant. Faites frire l'autre moitié. Laissez refroidir 5 min, puis déchirez la peau et la chair en lanières. Disposez le tout sur un plat et servez accompagné de galettes de blé, d'oignons nouveaux et de sauce hoisin.

Poulet à la sauce aux haricots noirs

Luo Ding Dou Chi Ji

Pour 2 à 4 personnes

- **500 g de blancs de poulet, pelés et coupés en cubes de 2,5 cm**
- **1 cuil. à soupe d'huile végétale, d'arachide de préférence**
- **3 cuil. à soupe d'échalotes finement hachées**
- **2 cuil. à soupe de haricots noirs, grossièrement hachés**
- **1,5 cuil. à soupe d'ail finement haché**
- **1 cuil. à soupe de gingembre frais, épluché et finement haché**
- **1 cuil. à soupe de vin de riz de Shaoxing ou de xérès sec**
- **2 cuil. à café de sauce soja claire**
- **2 cuil. à café de sauce soja foncée**
- **15 cl de bouillon de poule**
- **2 cuil. à café d'huile de sésame**
- **3 cuil. à soupe d'oignons nouveaux finement hachés**

Pour la marinade

- **1 cuil. à soupe de sauce soja claire**
- **1 cuil. à soupe de vin de riz de Shaoxing ou de xérès sec**
- **1/2 cuil. à café de sucre en poudre**
- **1 cuil. à café d'huile de sésame**
- **2 cuil. à café de fécule de maïs**
- **1/2 cuil. à café de sel**

Cette recette classique du sud de la Chine a fait le tour du monde pour y remporter un vif succès. Aromatiques et piquants, les haricots noirs relèvent idéalement la saveur délicate du poulet.

1 Dans un saladier, mélangez le poulet et les ingrédients de la marinade. Couvrez de film alimentaire et laissez reposer 15 min.

2 Faites chauffer un wok à feu vif, puis versez-y l'huile végétale. Lorsqu'elle est chaude et légèrement fumante, faites dorer le poulet pendant 5 min. Ajoutez les échalotes, les haricots noirs, l'ail, le gingembre et faites revenir pendant 1 min. Versez le vin de riz, les sauces soja et le bouillon, et laissez 2 min à feu vif. Ensuite, ajoutez l'huile de sésame et les oignons nouveaux.

3 Présentez dans un plat de service et servez aussitôt, accompagné de riz nature et de légumes.

Le poulet du général Tang

Zuo Zong Tang Ji

Pour 4 personnes

500 g de blancs de poulet, pelés et coupés en cubes de 2,5 cm

1,2 l d'huile végétale, d'arachide de préférence, pour la friture

Pour la marinade

1 cuil. à soupe de sauce soja claire

1 cuil. à soupe de vin de riz de Shaoxing ou de xérès sec

1 cuil. à café d'huile de sésame

2 cuil. à café de fécule de maïs

1/2 cuil. à café de poivre noir du moulin

1 cuil. à café de sel

Pour la pâte à frire

2 cuil. à soupe de fécule de maïs

50 g de farine

1 cuil. à soupe de levure chimique

1 cuil. à café d'huile végétale, d'arachide de préférence

1 cuil. à café d'huile de sésame

1/2 cuil. à café de sel

Connu pour sa cuisine relevée, le Hunan, une province du sud de la Chine, marque de son empreinte cette recette épicée et douce à la fois.

1 Dans un saladier, mélangez le poulet et les ingrédients de la marinade. Couvrez de film alimentaire et laissez mariner pendant 20 min.

2 Mixez les ingrédients de la pâte à frire dans un robot ménager avec 15 cl d'eau jusqu'à l'obtention d'une pâte homogène, sans grumeaux. Au besoin, filtrez-la à l'aide d'une passoire. Mélangez la pâte avec le poulet.

3 Pour la sauce, faites chauffer une casserole à feu modéré, puis versez-y l'huile. Lorsque l'huile est chaude et légèrement fumante, faites dorer les piments et l'ail pendant 30 s. Ajoutez le sel, le sucre, le bouillon et le vinaigre, et portez à ébullition. Ajoutez la pâte de fécule et portez de nouveau à ébullition. Mettez à feu doux et laissez mijoter à découvert pendant 10 min.

4 Faites chauffer un wok à feu vif, puis versez-y l'huile végétale. Lorsque l'huile est chaude et légèrement fumante, retirez les morceaux de poulet de la pâte à friture à l'aide de pinces et faites-les cuire en deux ou trois fois jusqu'à ce qu'ils soient dorés et croustillants. Laissez égoutter sur du papier absorbant et disposez sur un plat chaud. Arrosez de sauce et servez aussitôt, accompagnés de riz nature et de légumes.

Pour la sauce

- 1,5 cuil. à soupe d'huile végétale, d'arachide de préférence
- 5 piments rouges secs, coupés en deux
- 5 gousses d'ail coupées en fines rondelles
- 3 cuil. à soupe de sucre en poudre
- 30 cl de bouillon de poule ou d'eau
- 2 cuil. à café de vinaigre de riz blanc
- 1 cuil. à café de fécule de maïs délayée dans 1 cuil. à café d'eau
- 1 cuil. à café de sel

Poulet à la portugaise (Hong Kong)

Pu Guo Ji

Pour 4 personnes

500 g de blancs de poulet

1,5 cuil. à soupe d'huile d'arachide

1 cuil. à soupe de gingembre frais

2 cuil. à café d'ail

1 cuil. à soupe de sauce soja claire

1 cuil. à soupe de sauce soja foncée

1 cuil. à soupe de vin de riz de Shaoxing ou de xérès sec

3 cuil. à soupe de pâte de curry de Madras

1 cuil. à soupe de sucre en poudre

40 cl de lait de coco

20 cl de bouillon de poule

250 g de carottes

250 g de pommes de terre

Poivre noir du moulin

1 cuil. à café de sel

Pour la garniture

Oignons nouveaux

Pour la marinade

1,5 cuil. à soupe de sauce soja claire

2 cuil. à café de sauce soja foncée

1,5 cuil. à soupe de vin de riz de Shaoxing ou de xérès sec

2 cuil. à café d'huile de sésame

2 cuil. à café de fécule de maïs

2 cuil. à café de sel

Ce plat, aussi apprécié à Macao qu'à Hong Kong, résulte du mariage des saveurs de l'Asie du Sud-Est et de la gastronomie portugaise. Le lait de coco lui confère richesse et douceur.

1 Dans un saladier, mélangez les blancs de poulet pelés et coupés en morceaux de 2,5 cm avec les ingrédients de la marinade. Couvrez de film alimentaire et laissez mariner 1 h au réfrigérateur. Laissez bien égoutter et réservez la marinade.

2 Faites chauffer un wok à feu vif, puis versez-y l'huile. Lorsque l'huile est chaude et légèrement fumante, faites revenir le gingembre épluché et finement haché avec l'ail finement haché pendant 20 s sans cesser de remuer. Ajoutez le poulet et faites-le dorer pendant 3 min.

3 Transvasez le tout dans une grande casserole. Épluchez les carottes et les pommes de terre, et coupez-les en morceaux de 5 cm. Ajoutez-les avec le reste des ingrédients, dont la marinade, dans la casserole et portez à ébullition. Réduisez le feu et laissez mijoter 20 min. Présentez dans un plat de service et garnissez avec les oignons nouveaux émincés. Servez aussitôt accompagné de riz nature.

Poulet à la sichuanaise

Gong Bao Ji Ding

Pour 4 personnes

500 g de blancs de poulet, pelés et coupés en cubes de 1 cm

1 blanc d'œuf

2 cuil. à café de fécule de maïs

30 cl d'huile végétale, d'arachide de préférence

2 piments séchés, coupés en deux

125 g de cacahuètes décortiquées, nature ou grillées

1 cuil. à soupe d'ail finement haché

1 cuil. à café de gingembre frais, épluché et finement haché

2 cuil. à soupe d'oignons nouveaux finement hachés

2 cuil. à soupe de vin de riz de Shaoxing ou de xérès sec

2 cuil. à soupe de sauce soja foncée

2 cuil. à soupe de pâte au piment

2 cuil. à café de vinaigre de riz noir

2 cuil. à café de sucre en poudre

1 cuil. à café de fécule de maïs délayée dans 1 cuil. à soupe d'eau

1 cuil. à café d'huile de sésame

1 cuil. à café de sel

Pour la garniture

Oignons nouveaux émincés

Ce classique du Sichuan a conquis tous les aficionados de gastronomie chinoise de par le monde. Et cela se comprend : les saveurs épicées, aigres, douces et salées s'y marient à merveille !

1 Dans un petit saladier, mélangez le poulet, le blanc d'œuf, le sel et la fécule de maïs. Couvrez de film alimentaire et laissez reposer 20 min au réfrigérateur.

2 Faites chauffer un wok, puis versez-y l'huile végétale. Lorsque l'huile est chaude et légèrement fumante, ôtez-le du feu. Ajoutez le poulet, mélangez énergiquement et laissez-le 3 min dans l'huile chaude, jusqu'à ce qu'il blanchisse. Laissez égoutter dans une passoire et réservez l'huile.

3 Essuyez le wok avec du papier absorbant et remettez-le sur le feu. Dans le wok chaud, versez 1,5 cuil. à soupe de l'huile réservée (vous pouvez conserver l'huile restante pour une utilisation ultérieure). Ajoutez les piments et les cacahuètes, et faites sauter le tout pendant 30 s. Laissez les piments noircir et les cacahuètes dorer légèrement pour parfumer l'huile. Ajoutez l'ail, le gingembre et les oignons nouveaux, et faites revenir le tout 30 s.

4 Remettez le poulet dans le wok et faites-le revenir pendant 1 min. Ajoutez le vin de riz, la sauce soja, la pâte au piment, le vinaigre et le sucre, et poursuivez la cuisson pendant 2 min, jusqu'à ce que le poulet soit cuit. Ajoutez la pâte de fécule et poursuivez la cuisson pour faire épaissir la sauce. Ajoutez l'huile de sésame et remuez bien le tout. Présentez dans un plat de service, garnissez avec les oignons nouveaux et servez aussitôt.

Poulet en papillote

Zhi Bao Ji Pian

Pour 4 à 6 personnes (30 papillotes)

250 g de blancs de poulet, pelés et coupés en 30 tranches fines

2 poivrons rouges coupés en 30 lanières environ

60 feuilles de coriandre fraîche

8 tranches de jambon, coupées en 30 carrés de 8 cm

5 oignons nouveaux, coupés en 60 lanières

Gingembre frais, épluché et détaillé en 60 lanières

Châtaignes d'eau fraîches ou en conserve, décortiquées (pour les fraîches) et coupées en 30 fines rondelles

1,2 l d'huile végétale, d'arachide de préférence, pour la friture

Pour la marinade

2 cuil. à soupe de sauce d'huître

1 cuil. à soupe de sauce soja claire

1 cuil. à soupe de sauce soja foncée

1 cuil. à soupe de vin de riz de Shaoxing ou de xérès sec

2 cuil. à café de sucre en poudre

1 cuil. à café d'huile de sésame

Sel et poivre du moulin

Cette méthode de cuisson du poulet est ingénieuse : il s'agit d'enrober un petit morceau de poulet d'ingrédients parfumés, de l'emballer dans un morceau de papier cuisson et de le plonger dans l'huile bouillante. Voilà une entrée succulente et originale !

1 Dans un saladier, mélangez le poulet avec les ingrédients de la marinade. Couvrez de film alimentaire et laissez mariner au moins 1 h au réfrigérateur.

2 Placez un morceau de papier cuisson de 15 cm de côté sur le plan de travail, un coin orienté vers vous. Repliez légèrement le coin du papier. Au centre du papier, déposez 1 lanière de poivron, 1 feuille de coriandre, 1 morceau de poulet et de jambon, 2 lanières d'oignon, 2 lanières de gingembre, 1 rondelle de châtaigne et 1 deuxième feuille de coriandre. Repliez le coin le plus proche de vous sur les ingrédients, puis rabattez les deux côtés. Pliez le tout en deux, en prenant soin de laisser libre le coin le plus éloigné de vous. Enfin, enroulez le coin libre autour de la papillote pour bien la refermer. Procédez de même pour toutes les papillotes.

3 Faites chauffer un wok à feu vif, puis versez-y l'huile végétale. Lorsque l'huile est chaude et légèrement fumante, déposez une dizaine de papillotes et laissez-les frire 3 min environ. Retirez-les à l'aide d'une écumoire et laissez-les égoutter sur du papier absorbant. Faites frire les papillotes restantes, en deux fois, en procédant de la même manière.

4 Disposez les papillotes dans un plat de service et servez aussitôt en invitant les convives à ouvrir leurs papillotes.

Œufs au thé et au cinq-épices

Wu Syang Cha Ye Dan

Pour 4 à 6 personnes

6 œufs à température ambiante

Préparation à base de thé

2 cuil. à soupe de thé noir de Chine

2 cuil. à soupe de sauce soja foncée

1 cuil. à soupe de sauce soja claire

2 cuil. à café de poudre de cinq-épices

1 cuil. à café de grains de poivre du Sichuan, torréfiés et moulus

1 cuil. à café de sel

Les Chinois consomment rarement les œufs nature, mais ils ont mille façons de les préparer. Ces œufs marbrés comptent parmi ces inventions originales.

1 Dans une grande casserole, portez de l'eau à ébullition, déposez-y les œufs et laissez-les cuire pendant 10 min. Retirez-les et plongez-les aussitôt dans de l'eau froide. Ensuite, craquelez délicatement l'ensemble de la coquille à l'aide d'une cuillère à soupe, sous l'eau froide. Laissez-les sous l'eau froide du robinet pendant au moins 10 min.

2 Dans une casserole, portez à frémissement les ingrédients de la préparation à base de thé avec 50 cl d'eau, puis déposez-y les œufs craquelés. Faites cuire 10 min, puis retirez la casserole du feu et laissez refroidir, l'idéal étant de les laisser toute la nuit au réfrigérateur.

3 Écalez les œufs, puis présentez-les dans un plat de service.

Poissons

Crevettes sautées aux petits pois

Ching Dou Hsia Ren

Pour 4 personnes

500 g de grosses crevettes cuites
1 blanc d'œuf
1 cuil. à café de fécule de maïs
15 cl d'huile végétale, d'arachide de préférence
1 cuil. à soupe d'ail finement haché
125 g de petits pois congelés
3 cuil. à soupe de bouillon de poule
1 cuil. à soupe de vin de riz de Shaoxing ou de xérès sec
2 cuil. à café de sauce soja claire
1 cuil. à café de sucre en poudre
1 cuil. à café de fécule de maïs délayée dans 1 cuil. à café d'eau
1 cuil. à café d'huile de sésame
2 cuil. à café de sel

Cette recette à la shangaiaise est simple à réaliser. Laver les crevettes à l'eau salée nettoie et raffermit leur chair, dont la douceur des petits pois révèle toute la saveur.

1 Décortiquez les crevettes en laissant la queue. À l'aide d'un petit couteau aiguisé, pratiquez une entaille sur le dos des crevettes et retirez le filament noir. Mélangez 30 cl d'eau froide et le sel, et nettoyez les crevettes avec. Rincez-les bien et essuyez-les délicatement avec du papier absorbant.

2 Dans un saladier, mélangez les crevettes, le blanc d'œuf et la fécule de maïs. Couvrez de film alimentaire et laissez reposer au moins 15 min au réfrigérateur.

3 Faites chauffer un wok, puis versez-y l'huile végétale. Lorsque l'huile est chaude et légèrement fumante, ôtez du feu. Ajoutez les crevettes, remuez vivement pour les détacher, puis laissez-les dans l'huile pendant 2 min. Laissez égoutter dans une passoire en réservant 1 cuil. à soupe d'huile.

4 De nouveau, faites chauffer le wok et l'huile réservée. Faites revenir l'ail pendant 10 s dans l'huile chaude. Ensuite, ajoutez les petits pois et faites-les sauter pendant 1 min. Ajoutez le bouillon, le vin de riz, la sauce soja et le sucre. Mélangez bien et faites cuire pendant 30 s.

5 Incorporez la pâte de fécule et faites cuire 10 s. Remettez les crevettes dans le wok et mélangez bien pour les enrober. Lorsque les crevettes sont chaudes, incorporez l'huile de sésame. Servez aussitôt, accompagnées de riz et de légumes sautés.

Filets de poisson frits au gingembre

Chao Yu Pian

Pour 2 à 4 personnes

500 g de filets de sole ou de carrelet entiers, pelés

Fécule de maïs pour saupoudrer

1 œuf battu

12,5 cl + 1 cuil. à soupe d'huile végétale, d'arachide de préférence

3 cuil. à soupe de gingembre frais, épluché et émincé

2 cuil. à soupe de vin de riz de Shaoxing ou de xérès sec

2 cuil. à café de sauce soja claire

1,5 cuil. à café de sucre en poudre

3 cuil. à soupe de bouillon de poulet ou d'eau

2 cuil. à café d'huile de sésame

1/2 cuil. à café de poivre blanc du moulin

1 cuil. à café de sel

Pour la garniture

Oignons nouveaux émincés

Les Chinois accommodent facilement le poisson avec du gingembre. La sole est conseillée pour cette recette ; veillez donc à ne pas la cuire de trop, elle deviendrait friable.

1 Avec la moitié du sel et du poivre, assaisonnez uniformément les filets de poisson des deux côtés. Retournez-les dans la fécule de maïs, puis enlevez l'excédent. Trempez-les dans l'œuf battu, puis retournez-les de nouveau dans la fécule.

2 Faites chauffer un wok à feu vif, puis versez-y 12,5 cl d'huile végétale. Lorsque l'huile est chaude et légèrement fumante, réduisez le feu au minimum et faites dorer doucement les filets de chaque côté, pendant 2 à 3 min. Laissez-les égoutter sur une feuille de papier cuisson recouverte de papier absorbant, et jetez l'huile. Essuyez le wok.

3 Faites chauffer de nouveau le wok à feu vif et versez-y 1 cuil. à soupe d'huile. Lorsque l'huile est chaude et légèrement fumante, faites revenir le gingembre pendant 20 s. Ensuite, ajoutez le vin de riz, la sauce soja, le sucre, le bouillon, le sel et le poivre restants. Faites cuire 30 s à feu vif.

4 Remettez les filets de poisson dans le wok et enrobez-les délicatement de sauce pendant 1 min, en veillant à ne pas les casser. Arrosez d'huile de sésame. Présentez dans un plat de service et garnissez avec les oignons. Servez aussitôt, accompagné de légumes et de riz.

Poisson braisé aux épices

Gan Shao Yu

Pour 4 à 6 personnes

1 poisson entier de 1,25 à 1,5 kg ou 2 filets d'églefin ou de flétan de 500 g chacun

Fécule de maïs, pour enrober

2 œufs battus

60 cl d'huile végétale, d'arachide de préférence

2 cuil. à café de sel

Pour la garniture

Coriandre fraîche ciselée

Pour la sauce

1,5 cuil. à soupe d'huile végétale, d'arachide de préférence

2 cuil. à soupe d'ail finement haché

2 cuil. à soupe de gingembre frais, épluché et finement haché

2 cuil. à soupe d'échalotes finement hachées

2 cuil. à soupe de vin de riz de Shaoxing ou de xérès sec

2 cuil. à soupe de sauce aux haricots jaunes

1 cuil. à soupe de sauce soja foncée

1 cuil. à soupe de sauce soja claire

1 cuil. à soupe de pâte au piment

Symbole de prospérité et de chance, le poisson entier est réservé pour les grandes occasions. Cette recette est autant appréciée pour sa saveur que pour son esthétique.

1 Placez le poisson dans une feuille de papier cuisson. Pratiquez trois entailles de chaque côté du poisson pour permettre une cuisson homogène. Salez et saupoudrez uniformément de fécule de maïs les deux côtés du poisson. Secouez pour ôter l'excès de fécule. Badigeonnez le poisson avec les œufs battus et retournez-le de nouveau dans la fécule, puis secouez pour ôter l'excédent.

2 Faites chauffer un wok à feu vif, puis versez-y 60 cl d'huile végétale. Lorsque l'huile est chaude et légèrement fumante, faites dorer le poisson pendant 4 min. Ensuite, retournez-le délicatement et faites-le frire de l'autre côté. Retirez le poisson et égouttez-le sur du papier absorbant. Jetez l'huile et essuyez le wok.

3 De nouveau, faites chauffer le wok à feu vif, puis versez-y 1,5 cuil. à soupe d'huile végétale. Lorsque l'huile est chaude et légèrement fumante, faites revenir l'ail, le gingembre et les échalotes pendant 20 s. Ajoutez le reste des ingrédients de la sauce sauf le bouillon, la pâte de fécule, les oignons et l'huile de sésame. Faites revenir pendant 1 min, puis ajoutez le bouillon et la pâte de fécule.

4 À ébullition, réduisez le feu. Déposez délicatement le poisson dans la sauce et arrosez constamment pendant la cuisson. Poursuivez la cuisson 5 min, jusqu'à ce que le poisson soit cuit.

5 Déposez délicatement le poisson dans un plat de service. Ajoutez les oignons et l'huile de sésame dans la sauce, et arrosez-en le poisson. Garnissez avec la coriandre. Servez aussitôt, accompagné de riz nature et de légumes.

2 cuil. à café de sucre en poudre
45 cl de bouillon de poule
2 cuil. à café de fécule de maïs délayée dans 1 cuil. à soupe d'eau
3 cuil. à soupe d'oignons nouveaux finement hachés
2 cuil. à café d'huile de sésame

Poisson vapeur aux haricots noirs

Dou Shr Jeng Hsien Yu

Pour 4 personnes

625 g de filets d'églefin, pelés et coupés en 4 morceaux égaux

2 cuil. à soupe de haricots noirs hachés

1,5 cuil. à soupe d'ail haché

1 cuil. à soupe de gingembre frais, épluché et finement haché

1 cuil. à soupe de vin de riz de Shaoxing ou de xérès sec

1 cuil. à soupe de sauce soja claire

3 cuil. à soupe d'oignons nouveaux émincés

3 cuil. à soupe de coriandre fraîche, grossièrement émincée

1 cuil. à soupe d'huile végétale, d'arachide de préférence

2 cuil. à café d'huile de sésame

1/4 de cuil. à café de poivre blanc du moulin

1 cuil. à café de sel

Voici une manière classique de cuire le poisson à la vapeur – avec des haricots noirs, qui relèvent le plat sans masquer la délicatesse du poisson.

1 Salez et poivrez uniformément les filets de poisson. Dans un bol, mélangez les haricots noirs, l'ail et le gingembre. Déposez les filets dans un plat résistant à la chaleur, saupoudrez uniformément de la préparation à base de haricots noirs, puis arrosez de vin de riz et de sauce soja.

2 Utilisez un cuit-vapeur ou disposez un panier au-dessus d'un wok ou d'une grande casserole. Remplissez le cuit-vapeur de 5 cm d'eau chaude, puis portez-la à frémissement. Déposez le plat de poisson dans le cuit-vapeur. Couvrez et faites cuire à feu modéré pendant 8 à 10 min, en fonction de l'épaisseur des filets. Ajoutez un peu d'eau de temps en temps. Quand le poisson est cuit, retirez le plat du cuit-vapeur. Parsemez le poisson d'oignons et de coriandre.

3 Faites chauffer le wok, puis ajoutez les différentes huiles. Lorsque les huiles sont chaudes et légèrement fumantes, arrosez-en les filets de poisson. Servez aussitôt, accompagné de riz nature et de légumes sautés pour un repas complet.

Beignets de crevettes papillons

Feng Wei Xia

Pour 4 à 6 personnes

500 g de grosses crevettes crues, décortiquées et déveinées, avec les queues

Fécule de maïs, pour enrober

2 gros œufs battus

1 cuil. à café d'huile de sésame

Chapelure, pour enrober

30 cl d'huile végétale, d'arachide de préférence

1/2 cuil. à café de poivre blanc du moulin

1 cuil. à café de sel

Pour la garniture

2 citrons, coupés en quartier

Pour servir

Grains de poivre du Sichuan, torréfiés et moulus, mélangés à du sel

Les Chinois redécouvrent cette recette au succès retentissant en Occident – et à juste titre. La friture préserve la fraîcheur des crevettes tout en leur conférant du croustillant.

1 Pour permettre aux crevettes de s'ouvrir comme des papillons, pratiquez une incision profonde dans le ventre et ouvrez-le. Lavez les crevettes et essuyez-les avec du papier absorbant. Déposez-les sur une feuille de papier cuisson et saupoudrez-les uniformément de fécule de maïs.

2 Dans un saladier, mélangez les œufs battus, le sel, le poivre et l'huile de sésame. Trempez les crevettes dans la pâte à frire, puis roulez-les dans la chapelure.

3 Faites chauffer un wok, puis versez-y l'huile végétale. Lorsque l'huile est chaude et légèrement fumante, faites dorer les crevettes pendant 2 min. Laissez-les égoutter sur du papier absorbant. Servez aussitôt, garnies de quartiers de citron et d'un petit bol de mélange de poivre et de sel.

Poisson à la sauce aigre-douce

Tang Cu Quan Yu

Pour 4 personnes

2 filets d'églefin ou de flétan, d'environ 250 g chacun

Fécule de maïs, pour enrober

1 œuf battu

60 cl + 1 cuil. à soupe d'huile végétale, d'arachide de préférence

2 cuil. à soupe d'ail finement haché

2 cuil. à soupe de gingembre frais, épluché et finement haché

1 petit oignon en tranches

125 g de petits pois congelés

2 cuil. à café de sel

Pour la garniture

Oignons nouveaux émincés

Pour la sauce

2 cuil. à soupe de vin de riz de Shaoxing ou de xérès sec

1 cuil. à soupe de sauce soja foncée

1 cuil. à soupe de sauce soja claire

2 cuil. à soupe de purée de tomates ou de ketchup

2 cuil. à soupe de sucre en poudre

15 cl de bouillon de poule

5 cuil. à soupe de vinaigre de riz blanc

2 cuil. à café de fécule de maïs délayée dans 1 cuil. à soupe d'eau

2 cuil. à café de sel

Cette recette est très répandue dans l'est et dans le sud de la Chine, qui abonde en poisson et en fruits de mer. Les saveurs douces et relevées de la sauce se marient à merveille avec la chair délicate du poisson.

1 Placez les filets de poisson sur une feuille de papier cuisson. Salez et saupoudrez uniformément de fécule de maïs les deux côtés du poisson. Secouez pour retirer l'excès de fécule. Badigeonnez le poisson d'œuf battu et retournez-le de nouveau dans la fécule, puis secouez pour ôter l'excédent.

2 Faites chauffer un wok à feu vif, puis versez-y 60 cl d'huile. Lorsque l'huile est chaude et légèrement fumante, déposez-y les filets de poisson. Faites-les dorer pendant 4 min. Retournez-les délicatement et faites-les frire de l'autre côté. Retirez les filets et laissez-les égoutter sur du papier absorbant. Jetez l'huile et essuyez le wok.

3 Chauffez de nouveau le wok à feu vif, puis versez-y 1 cuil. à soupe d'huile végétale. Lorsque l'huile est chaude et légèrement fumante, faites revenir l'ail, le gingembre et l'oignon pendant 20 s. Ajoutez les petits pois et faites-les sauter pendant 2 min.

4 Ajoutez tous les ingrédients de la sauce sauf la pâte de fécule. Portez le mélange à ébullition, puis ajoutez la fécule et faites cuire jusqu'à épaississement. Réduisez le feu, tout juste pour maintenir le frémissement. Déposez délicatement les filets de poisson dans la sauce et arrosez constamment. Poursuivez la cuisson de 5 min, jusqu'à ce que le poisson soit bien cuit.

5 Déposez délicatement le poisson dans un plat de service. Arrosez de sauce, garnissez avec les oignons et servez aussitôt. Cette recette s'allie à merveille avec un plat de viande ou de légumes, à servir en même temps.

Toasts aux crevettes

Zha Xia Bao

Pour 4 personnes (entrée) ou 8 personnes (apéritif)

8 tranches de pain de mie, sans la croûte, coupées en deux

250 g de crevettes crues, décortiquées, déveinées et émincées

50 g de poitrine de porc émincée

1 cuil. à café de gingembre frais, épluché et finement haché

2 cuil. à soupe d'oignons nouveaux finement hachés (blanc seulement)

1 cuil. à café de vin de riz de Shaoxing ou de xérès sec

1/2 cuil. à café d'huile de sésame

1 blanc d'œuf, légèrement battu

1/2 cuil. à café de fécule de maïs

40 cl d'huile végétale, d'arachide de préférence

1 cuil. à café de sel

1 cuil. à café de poivre blanc du moulin

Ce délicieux en-cas est souvent servi au brunch dans les restaurants chinois hors de Chine. Pour éviter que le pain n'absorbe l'huile, il est recommandé de le faire sécher.

1 Placez le pain sur une feuille de papier cuisson et mettez-le 5 min dans un four préchauffé à 120 °C (th. 4). Retournez-le et laissez-le 5 min supplémentaires. Retirez le pain du four et laissez-le refroidir.

2 Dans un robot ménager ou un bol de mixeur, mettez les crevettes, le porc, le gingembre, les oignons et le vin de riz, puis mixez pendant 30 s. Ajoutez l'huile de sésame, le blanc d'œuf, la fécule de maïs, le sel et le poivre, et mixez jusqu'à l'obtention d'un mélange homogène.

3 Étalez la pâte sur le pain et réservez.

4 Faites chauffer un wok, puis versez-y l'huile végétale. Lorsque l'huile est chaude et légèrement fumante, déposez quatre toasts, garniture en dessous. Laissez frire environ 3 min, puis retournez-les et poursuivez la cuisson pendant 1 min, jusqu'à ce qu'ils soient dorés. Retirez les toasts à l'aide d'une écumoire et laissez-les égoutter sur du papier absorbant. Procédez de même pour tous les toasts. Servez aussitôt.

Chips de crevettes
Xia Pian

Pour 4 personnes

125 g de pétales pour chips de crevettes

60 cl d'huile végétale, d'arachide de préférence

Pour changer des biscuits apéritifs habituels, osez les chips de crevettes ! Elles permettent également d'accompagner les plats. Il existe différentes formes et couleurs de pétales mais ceux que je préfère, ce sont les roses, au naturel.

1 Faites chauffer un wok à feu vif, puis versez-y l'huile. Lorsque l'huile est chaude et légèrement fumante, testez-la en lâchant un pétale dans l'huile. Il doit gonfler et remonter instantanément à la surface.

2 Jetez une poignée de pétales dans l'huile chaude, puis retirez-les aussitôt à l'aide d'une écumoire et laissez-les égoutter sur une feuille de papier cuisson recouverte de papier absorbant. Procédez ainsi jusqu'à ce que toutes les chips soient cuites.

3 Vous pouvez conserver l'huile pour préparer des plats à base de poisson ou de crevette (mais pas pour d'autres recettes). Il suffit de la laisser refroidir, de la filtrer à l'aide d'une mousseline ou d'une passoire fine. Conservez-la dans un bocal, dans un endroit sec et frais. Si vous la conservez au réfrigérateur, elle se troublera, mais se clarifiera de nouveau à température ambiante.

Poisson à la sauce rouge

Hong Shao Yu

Pour 4 personnes

2 filets d'églefin ou de flétan, de 250 g chacun

Fécule de maïs, pour enrober

3 cuil. à soupe d'huile végétale, d'arachide de préférence

2 cuil. à café de sel

Pour la garniture

Oignons nouveaux émincés

Pour la sauce

1,5 cuil. à soupe d'huile végétale, d'arachide de préférence

1 cuil. à soupe d'ail finement haché

1 cuil. à soupe de gingembre frais, épluché et finement haché

2 cuil. à soupe de vin de riz de Shaoxing ou de xérès sec

1,5 cuil. à soupe de sauce hoisin

1 cuil. à soupe de sauce soja foncée

2 cuil. à café de sauce aux haricots jaunes

1 cuil. à soupe de sucre candi ou de sucre en poudre

15 cl de bouillon de poule

2 cuil. à café de fécule de maïs délayée dans 1 cuil. à soupe d'eau

2 cuil. à café d'huile de sésame

Le poisson est saisi à la poêle puis brièvement braisé dans la sauce pour en préserver la texture, en relever la saveur et le colorer joliment.

1 Placez les filets de poisson sur une feuille de papier cuisson. Salez et saupoudrez uniformément de fécule de maïs les deux côtés du poisson. Secouez pour retirer l'excès de fécule.

2 Faites chauffer un wok à feu vif, puis versez-y 3 cuil. à soupe d'huile végétale. Lorsque l'huile se met à fumer légèrement, déposez-y le poisson pour le saisir et le dorer, pendant 2 min. Retournez-le délicatement et saisissez-le de l'autre côté. Retirez-le et laissez-le égoutter sur du papier absorbant.

3 Faites chauffer de nouveau le wok, puis versez-y 1,5 cuil. à soupe d'huile végétale. Lorsque l'huile est chaude et légèrement fumante, ajoutez l'ail, le gingembre et faites revenir pendant 20 s. Ensuite, ajoutez les autres ingrédients de la sauce, sauf la pâte de fécule et l'huile de sésame. Faites revenir la sauce pendant 1 min, puis ajoutez la pâte de fécule. Lorsque la sauce bout, réduisez le feu. Déposez délicatement les filets dans la sauce et faites-les cuire pendant 3 à 5 min, sans cesser de les arroser.

4 Retirez délicatement le poisson et disposez-le dans un plat de service. Ajoutez l'huile de sésame dans la sauce, puis arrosez-en le poisson. Garnissez avec les oignons. Servez aussitôt, accompagné de riz sauté et de légumes.

Coquilles Saint-Jacques aillées à la sichuanaise

Da Suan Gan Bei

Pour 4 personnes

1,5 cuil. à soupe d'huile végétale, d'arachide de préférence

8 gousses d'ail, épluchées, entières et blanchies

1 cuil. à soupe de gingembre frais, épluché et finement haché

3 échalotes ou 1 petit oignon en rondelles

2 cuil. à soupe de vin de riz de Shaoxing ou de xérès sec

2 cuil. à soupe de bouillon de poule

500 g de coquilles Saint-Jacques avec corail, décortiquées

1 cuil. à café de pâte au piment

2 cuil. à café de sauce soja foncée

2 cuil. à café de sucre en poudre

1/2 cuil. à café d'huile au piment

1 cuil. à café d'huile de sésame

3 cuil. à soupe d'oignons nouveaux finement hachés (blanc seulement)

1/4 de cuil. à café de poivre blanc du moulin

1/2 cuil. à café de grains de poivre du Sichuan, torréfiés et moulus

1/2 cuil. à café de sel

Les Chinois ont une prédilection pour les coquilles Saint-Jacques. La cuisson à la poêle leur évite de trop cuire tout en relevant leur saveur distinctive. Ici, l'ail entier est considéré comme un légume, qui confère une grande douceur à cette spécialité.

1 Faites chauffer un wok à feu vif, puis versez-y l'huile végétale. Lorsque l'huile est chaude et légèrement fumante, faites revenir pendant 30 s le sel, le poivre, l'ail, le gingembre et les échalotes ou l'oignon. Ajoutez le vin de riz et le bouillon. Faites cuire le tout pendant 1 min.

2 Ajoutez les saint-jacques et faites-les cuire pendant 1 min. Ensuite, ajoutez le reste des ingrédients, sauf les oignons et le poivre du Sichuan. Poursuivez la cuisson 4 min, jusqu'à ce que les noix de saint-jacques soient fermes et bien enrobées de sauce. Ajoutez les oignons et le poivre, et poursuivez la cuisson pendant 1 min. Servez aussitôt, accompagné de riz et d'une soupe pour un repas léger.

Saumon à la vapeur
Jeng Sa Men Yu

Pour 2 à 4 personnes

625 g de filets de saumon

1 cuil. à soupe de vin de riz de Shaoxing ou de xérès sec

1 cuil. à soupe de gingembre frais, épluché et finement haché

2 cuil. à café de sauce soja claire

2 cuil. à café de sauce soja foncée

3 cuil. à soupe d'oignons nouveaux

1 cuil. à soupe d'huile végétale, d'arachide de préférence

2 cuil. à café d'huile de sésame

1/4 de cuil. à café poivre blanc du moulin

1 cuil. à café de sel

Mode de cuisson du poisson frais le plus utilisé par les Chinois, la cuisson à la vapeur préserve la saveur délicate du poisson et toute sa fraîcheur tandis que les aromates en soulignent la noblesse.

1 Salez et poivrez uniformément les filets de saumon. Disposez-les dans un plat allant au four, arrosez de vin de riz et parsemez de gingembre.

2 Utilisez un cuit-vapeur ou disposez un panier au-dessus d'un wok ou d'une grande casserole. Remplissez le cuit-vapeur de 5 cm d'eau chaude, puis portez-la à frémissement. Déposez le plat de poisson dans le cuit-vapeur. Couvrez et faites cuire à feu modéré pendant 8 à 10 min, en fonction de l'épaisseur des filets. Ajoutez un peu d'eau de temps en temps.

3 Quand le poisson est cuit, retirez le plat du cuit-vapeur. Arrosez avec les sauces soja et parsemez d'oignons.

4 Faites chauffer un wok, puis versez-y les différentes huiles. Lorsqu'elles sont chaudes et légèrement fumantes, arrosez-en le poisson. Servez aussitôt, accompagné de viande sautée, de riz et de légumes pour un menu raffiné.

Légumes

Quatre légumes à la sauce portugaise

Pu Zhi Ju Si Shu

Pour 4 personnes

1,5 cuil. à soupe d'huile végétale, d'arachide de préférence

1,5 cuil. à soupe de gingembre frais, épluché et finement haché

1 cuil. à soupe d'ail finement haché

1 cuil. à soupe d'oignons nouveaux finement hachés

1 gros oignon en tranches fines

500 g de chou chinois coupé en morceaux de 5 cm

250 g de carottes, épluchées et coupées en morceaux de 5 cm

250 g de pommes de terre, épluchées et coupées en morceaux de 5 cm

40 cl de lait de coco

1 cuil. à soupe de sauce soja claire

1 cuil. à soupe de sauce soja foncée

1 cuil. à soupe de vin de riz de Shaoxing ou de xérès sec

3 cuil. à soupe de pâte de curry de Madras

1 cuil. à soupe de sucre en poudre

Poivre noir du moulin

1 cuil. à café de sel

Pour la garniture

Oignons nouveaux hachés

Originaire de Macao, ancienne colonie portugaise, ce plat de légumes est relevé par une touche de curry. Cette recette fait un excellent plat végétarien, idéalement accompagné de riz.

1 Faites chauffer un wok à feu vif, puis versez-y l'huile. Lorsqu'elle est chaude et légèrement fumante, faites revenir le gingembre, l'ail et les oignons nouveaux pendant 20 s. Ensuite, ajoutez l'oignon et faites-le revenir pendant 2 min, jusqu'à ce qu'il soit tendre et légèrement doré. Ajoutez le chou chinois et faites cuire 1 min, puis ajoutez les carottes et les pommes de terre. Versez le lait de coco, puis ajoutez le reste des ingrédients et portez le tout à ébullition.

2 Transvasez le contenu du wok dans une casserole. Couvrez, réduisez le feu et laissez mijoter 30 min. Garnissez avec les oignons nouveaux et servez aussitôt.

Épinards sautés à l'ail

Chao Weng Cai

Pour 2 à 4 personnes

500 g d'épinards frais

1,5 cuil. à soupe d'huile végétale, d'arachide de préférence

3 gousses d'ail coupées en fines tranches

1 cuil. à café de sucre en poudre

1/2 cuil. à café de sel

Les épinards font partie de mes légumes verts préférés. Ils ont suffisamment de caractère pour s'accommoder à l'ail. La cuisson à la poêle permet de conserver toute la saveur et la fraîcheur tant des épinards que de l'ail.

1 Choisissez de belles feuilles d'épinard, épluchez-les et lavez-les. Laissez-les égoutter dans une passoire.

2 Faites chauffer un wok, puis versez-y l'huile. Lorsqu'elle est chaude et légèrement fumante, faites revenir l'ail et le sel pendant 10 s. Ajoutez aussitôt les épinards et poursuivez la cuisson 3 min à feu vif. Ajoutez le sucre et faites cuire 1 min de plus.

3 À l'aide d'une écumoire, déposez les épinards dans un plat de service, en jetant le jus. Servez aussitôt, accompagné de poisson ou de viande.

Sauté de tofu à la pékinoise

Guo Ta Dou Fu

Pour 4 personnes

2 paquets de 285 g de tofu ferme frais

Fécule de maïs, pour enrober

1 œuf battu

30 cl d'huile végétale, d'arachide de préférence

2 cuil. à soupe d'ail grossièrement haché

2 cuil. à soupe de gingembre frais, épluché et finement haché

3 cuil. à soupe d'oignons nouveaux émincés (blanc seulement)

3 cuil. à soupe de vin de riz de Shaoxing ou de xérès sec

2 cuil. à soupe de sauce soja

1 cuil. à soupe de pâte au piment

2 cuil. à café de sucre en poudre

15 cl de bouillon de poule, de vin ou d'eau (variante végétarienne)

2 cuil. à café d'huile de sésame

1 cuil. à café de sel

Le tofu est enrobé de pâte à frire avant d'être lentement cuit à la poêle puis braisé à feu doux jusqu'à l'absorption complète du jus.

1 Coupez délicatement le tofu en cubes de 5 x 2,5 x 1 cm, puis laissez-le égoutter 10 min sur du papier absorbant.

2 Tournez les cubes de tofu dans la fécule de maïs, puis trempez-les dans l'œuf battu de manière à bien les enrober. Faites chauffer un wok, puis versez-y l'huile végétale. Lorsque l'huile est chaude et légèrement fumante, faites dorer les cubes de tofu pendant 4 à 5 min. Retournez-les et faites-les frire de l'autre côté. Laissez-les égoutter sur du papier absorbant. Réservez 1,5 cuil. à soupe d'huile et jetez le reste.

3 Faites chauffer de nouveau le wok et l'huile réservée. Lorsque l'huile est chaude et légèrement fumante, faites revenir l'ail et le gingembre pendant 1 min, puis ajoutez les oignons nouveaux et faites-les revenir pendant 30 s. Remettez le tofu dans le wok et ajoutez le reste des ingrédients. Faites cuire 5 min à feu doux, jusqu'à ce que le tofu ait absorbé tout le jus.

4 Présentez dans un plat et servez aussitôt, accompagné de nouilles ou de riz. Cette spécialité peut également se consommer en accompagnement de plats de poisson ou de viande.

Sauté de bok choy

Chao Bai Cai

Pour 4 personnes

750 g de bok choy

1 cuil. à soupe d'huile végétale, d'arachide de préférence

4 gousses d'ail grossièrement émincées

1 cuil. à café de sel

Cette recette est à mon sens la meilleure façon d'accommoder le bok choy, l'un des légumes les plus nobles de la cuisine chinoise, un légume vert goûteux proche de la bette.

1 Détachez les feuilles du bok choy et coupez-les en morceaux de 8 cm. Pelez les grosses côtes et coupez-les en morceaux de 8 cm également. Lavez à l'eau froide plusieurs fois. Laissez égoutter dans une passoire.

2 Faites chauffer un wok à feu vif, puis versez-y l'huile végétale. Lorsque l'huile est chaude et légèrement fumante, faites dorer l'ail et le sel pendant 20 s. Ajoutez le bok choy et faites cuire 5 min à feu vif. Servez aussitôt comme accompagnement.

Méli-mélo de légumes verts

Jiao Wai Cai Yuan

Pour 4 personnes

1,5 cuil. à soupe d'huile végétale, d'arachide de préférence

6 gousses d'ail pilées

500 g de chou chinois, coupé dans la largeur en morceaux de 5 cm

20 cl de bouillon de poule ou d'eau

325 g de bok choy, coupé dans la largeur en morceaux de 5 cm

300 g de bok choy de Shanghai, coupé en deux

1 cuil. à café de fécule de maïs délayée dans 2 cuil. à café d'eau

1/2 cuil. à soupe de poivre blanc du moulin

1,5 cuil. à café de sel

Cette recette simple permet de découvrir les délices des légumes à la chinoise, d'abord poêlés, puis lentement braisés dans du bouillon de poule. Le bok choy de Shanghai offre une saveur moins sucrée que le bok choy classique.

1 Faites chauffer un wok à feu vif, puis versez-y l'huile. Lorsqu'elle est chaude et légèrement fumante, faites revenir l'ail salé et poivré pendant 20 s. Ensuite, ajoutez le chou chinois et le bouillon, et laissez cuire pendant 2 min. Ajoutez les bok choy, et poursuivez la cuisson pendant 2 min.

2 Réduisez le feu et laissez mijoter à couvert pendant 8 min. Quand les légumes sont cuits, transvasez-les dans un plat de service. Mettez le wok à feu vif et ajoutez la pâte de fécule pour épaissir le bouillon. Faites cuire 30 s et arrosez-en les légumes. Servez aussitôt.

Laitue pommée à la sauce d'huître

Wo Sun Hao You

Pour 4 personnes

450 g de laitue pommée

1 cuil. à soupe d'huile végétale, d'arachide de préférence

1 cuil. à café d'huile de sésame

3 cuil. à soupe de sauce d'huître

Sel

Assaisonnement du sud de la Chine très apprécié, la sauce d'huître n'a pas une saveur de poisson, contrairement à ce que l'on croit souvent, mais elle est très salée. Ici, elle se mélange aux huiles épicées pour faire d'une laitue pommée toute simple un délicieux plat de légume.

1 À la main, cassez la laitue en deux. Détachez les feuilles et faites-les blanchir dans une casserole d'eau bouillante pendant 30 s environ. Laissez égoutter dans une passoire.

2 Faites chauffer un wok à feu vif, puis versez-y les huiles. Lorsqu'elles sont chaudes et légèrement fumantes, retirez le wok du feu. Disposez les feuilles de laitue dans un plat de service, arrosez uniformément de sauce d'huître, puis d'huile chaude – elle va grésiller. Mélangez et servez aussitôt.

Raviolis végétariens

Hua Su Jiao

Pour 4 à 6 personnes (35 à 40 raviolis)

250 g de feuilles à raviolis
Farine pour saupoudrer
1,2 l de bouillon de poule ou d'eau

Pour la garniture

Oignons nouveaux émincés

Pour la farce

1 cuil. à soupe d'huile végétale, d'arachide de préférence
2 cuil. à soupe d'ail finement haché
250 g de bok choy finement émincé
250 g de chou chinois finement émincé
125 g de petits pois frais ou surgelés
25 g de légumes saumurés à la sichuanaise, rincés et émincés
2 cuil. à soupe de vin de riz de Shaoxing ou de xérès sec
1 cuil. à soupe de sauce soja foncée
2 cuil. à café de sucre en poudre
1 cuil. à café d'huile de sésame
2 cuil. à soupe d'oignons nouveaux émincés
1/2 cuil. à café de poivre noir fraîchement moulu
1 cuil. à café de sel

Les Chinois adorent tous les styles de raviolis. Dans cette variante, j'utilise des feuilles de raviolis wonton, simples d'utilisation, légères et faciles à trouver.

1 Faites chauffer un wok à feu vif, puis versez-y l'huile végétale. Lorsque l'huile est chaude et légèrement fumante, faites revenir l'ail pendant 20 s. Ajoutez le bok choy, le chou chinois, les petits pois, les légumes saumurés et faites revenir le tout pendant 1 min. Ajoutez le vin de riz, la sauce soja, le sucre, l'huile de sésame, les oignons, le sel et le poivre.

2 Poursuivez la cuisson de 3 min, jusqu'à ce que la plupart du jus se soit évaporé. Transvasez le tout dans un saladier et laissez refroidir complètement.

3 Pour farcir les raviolis, placez 1 cuil. à soupe de farce au centre d'une feuille, puis repliez-la en deux. Humectez les bords avec un peu d'eau et pincez les bords avec les doigts. Plissez les bords et pincez pour les refermer.

4 Déposez les raviolis sur une plaque farinée et couvrez d'un linge humide jusqu'à ce que vous ayez confectionné tous les raviolis.

5 Lorsque les raviolis sont prêts, portez le bouillon à frémissement dans une grande casserole, puis plongez-y les raviolis. Pochez-les pendant 1 min, jusqu'à ce qu'ils remontent à la surface, puis poursuivez la cuisson de 2 min dans le bouillon.

Pour servir

Un petit bol de vinaigre de riz

Un petit bol d'huile au piment

Un petit bol de sauce soja

6 Présentez les raviolis dans un plat de service. Disposez les petits bols de vinaigre de riz, d'huile au piment et de sauce soja – le principe est de laisser les convives préparer leur propre sauce en mélangeant les trois condiments proposés à leur convenance. Garnissez avec les oignons et servez aussitôt.

Sauté de haricots verts au gingembre et à l'ail

Chao Yun Dao

Pour 4 personnes

500 g de haricots verts ou de haricots kilomètres, équeutés

1,5 cuil. à soupe d'huile végétale, d'arachide de préférence

2 cuil. à soupe d'ail finement émincé

1 cuil. à café de gingembre frais, épluché et finement haché

10 cl de bouillon de poule

1 cuil. à café de sucre en poudre

2 cuil. à café d'huile de sésame

1/2 cuil. à café de sel

Voici un excellent moyen d'accommoder les haricots. La saveur distinctive de l'ail et du gingembre se marie bien à la fraîcheur et à la texture de ces légumes verts.

1 Si vous avez choisi des haricots kilomètres, coupez-les en morceaux de 8 cm.

2 Faites chauffer un wok à feu vif, puis versez-y l'huile végétale. Lorsque l'huile est chaude et légèrement fumante, ajoutez le sel. Ensuite, faites revenir l'ail et le gingembre pendant 10 s. Ajoutez les haricots, le bouillon et le sucre, et poursuivez la cuisson 4 min, jusqu'à ce que les haricots soient juste tendres et que le jus se soit évaporé.

3 Incorporez l'huile de sésame et servez aussitôt.

Cacahuètes au cinq-épices

Wu Xiang Hua Sheng

Pour 4 personnes

250 g de cacahuètes décortiquées

30 cl d'huile végétale, d'arachide de préférence

2 cuil. à soupe d'ail finement haché

1 cuil. à soupe de gingembre frais, épluché et finement haché

1 cuil. à soupe de sucre en poudre

1 cuil. à café de poudre de cinq-épices

1 cuil. à café de poudre de piment

1 cuil. à café de grains de poivre du Sichuan, torréfiés et moulus

2 cuil. à café de sel

Cette recette révèle toute la richesse et la saveur des cacahuètes. Vous pouvez les servir en apéritif ou en accompagnement. L'idéal est de les consommer le jour même.

1 Le cas échéant, ôtez l'écale rouge des cacahuètes en les plongeant dans de l'eau bouillante pendant 2 min. Laissez-les égoutter et refroidir. La peau sera plus facile à retirer.

2 Faites chauffer un wok à feu vif, puis versez-y l'huile. Lorsqu'elle est chaude et légèrement fumante, faites dorer les cacahuètes pendant 2 min. Retirez-les et laissez-les égoutter. Disposez les cacahuètes sur une feuille de papier cuisson recouverte de papier absorbant.

3 Réservez 1,5 cuil. à soupe d'huile et jetez le reste ou conservez-le pour une utilisation ultérieure. Faites chauffer de nouveau le wok avec l'huile réservée. Lorsqu'elle est chaude et légèrement fumante, faites revenir l'ail et le gingembre pendant 1 min. Ensuite, ajoutez le reste des ingrédients et remettez les cacahuètes dans le wok. Faites sauter 2 min sans cesser de remuer. Versez le tout sur une feuille de papier cuisson, laissez refroidir et servez.

Aubergines à la poissonnière

Yu Xiang Qie Zi

Pour 4 personnes

750 g d'aubergines de taille moyenne

40 cl d'huile végétale, d'arachide de préférence

2 cuil. à soupe d'ail finement haché

2 cuil. à soupe de gingembre frais, épluché et finement haché

3 cuil. à soupe d'oignons nouveaux finement émincés

Pour la garniture

Oignons nouveaux émincés

Pour la sauce

1,5 cuil. à soupe de sauce soja foncée

2 cuil. à soupe de vin de riz de Shaoxing ou de xérès sec

2 cuil. à soupe de vinaigre de riz noir

1,5 cuil. à soupe de sucre en poudre

2 cuil. à café de pâte au piment

12,5 cl de bouillon de poule

1 cuil. à soupe de grains de poivre du Sichuan, torréfiés et pilés

Ce plat n'a pas le goût de poisson mais il est accommodé à la manière du poisson – saveurs épicées, aigres, salées et sucrées à la fois.

1 Coupez les aubergines en morceaux de 5 x 0,5 cm.

2 Faites chauffer un wok, puis versez-y l'huile végétale. Lorsque l'huile est chaude et légèrement fumante, faites frire les aubergines en plusieurs fois. À l'aide d'une écumoire, retirez-les du wok et déposez-les sur du papier absorbant.

3 Réservez 2 cuil. à soupe d'huile dans le wok et jetez le reste, puis chauffez de nouveau le wok. Faites revenir l'ail, le gingembre et les oignons 30 s dans l'huile chaude. Ajoutez tous les ingrédients de la sauce excepté le bouillon. Poursuivez la cuisson 2 min à feu vif, puis versez le bouillon et laissez mijoter 3 min. Remettez les aubergines dans le wok et laissez mijoter 3 min.

4 Présentez dans un plat de service et garnissez avec les oignons. Servez aussitôt.

Tofu épicé à la sichuanaise

Ma Po Dou Fu

Pour 2 à 4 personnes

2 paquets de 285 g de tofu tendre (soyeux)

2 cuil. à soupe d'huile végétale, d'arachide de préférence

250 g de bœuf émincé

2 cuil. à soupe d'ail grossièrement haché

2 cuil. à soupe de pâte au piment

1 cuil. à soupe de sauce soja foncée

1 cuil. à soupe de vin de riz de Shaoxing ou de xérès sec

2 cuil. à café de sucre en poudre

15 cl de bouillon de poule ou d'eau

2 cuil. à café d'huile de sésame

2 cuil. à café de grains de poivre du Sichuan, torréfiés et moulus

1/2 cuil. à café de sel

Le secret de cette recette réside dans les condiments et les aromates. Leur qualité et le soin apporté à leur cuisson révèlent toute leur noblesse – c'est l'une des meilleures façons de déguster le tofu.

1 Coupez le tofu en cubes de 1 cm et égouttez-le sur du papier absorbant pendant 10 min.

2 Faites chauffer un wok à feu vif et versez-y l'huile végétale. Lorsque l'huile est chaude et légèrement fumante, saisissez le bœuf pendant 2 min. Ajoutez l'ail et faites-le revenir pendant 1 min. Versez la pâte au piment et la sauce soja, et poursuivez la cuisson pendant 1 min. Ajoutez le vin de riz, le sucre et le sel, et poursuivez la cuisson pendant 30 s.

3 Ajoutez le bouillon et le tofu dans le wok et faites cuire 3 min à feu vif. Ensuite, ajoutez le poivre du Sichuan et l'huile de sésame. Présentez dans un plat de service, accompagné de riz.

Émincé de porc au tofu

Dou Fu Rou Song

Pour 4 personnes

2 paquets de 285 g de tofu ferme
1,5 cuil. à soupe d'huile végétale, d'arachide de préférence
2 cuil. à soupe d'ail finement haché
2 cuil. à soupe d'échalotes finement hachées
2 cuil. à soupe d'oignons nouveaux émincés (blanc seulement)
2 cuil. à café de gingembre frais finement haché
375 g de porc émincé
2 cuil. à café de sauce aux haricots jaunes entiers
1 cuil. à soupe de pâte au piment
1 cuil à soupe de sauce soja foncée
1 cuil. à soupe de sauce soja claire
1 cuil. à soupe de vin de riz de Shaoxing ou de xérès sec
15 cl de bouillon de poule ou d'eau
2 cuil. à café de sucre en poudre
Poivre noir du moulin

Pour la garniture

Oignons nouveaux émincés

Simple à réaliser, cette recette est riche en saveurs. Elle met en œuvre juste ce qu'il faut de viande pour parfumer le tofu, relevé par les nombreux épices et aromates.

1 Coupez délicatement le tofu en cubes de 2,5 cm et égouttez-le 10 min sur du papier absorbant.

2 Faites chauffer un wok puis versez-y l'huile. Lorsque l'huile est chaude et légèrement fumante, faites revenir l'ail, l'échalote, l'oignon et le gingembre pendant 30 s. Ensuite, saisissez le porc pendant 2 min, sans cesser de remuer pour détacher les morceaux. Retirez l'excédent de graisse. Ajoutez la sauce aux haricots, la pâte au piment, les sauces soja, le vin de riz, le bouillon et le sucre. Salez et poivrez, et poursuivez la cuisson de 30 s.

3 Ajoutez le tofu et faites-le cuire 2 min à feu vif, en remuant délicatement. Poursuivez la cuisson de 4 min, jusqu'à ce que la sauce se soit largement évaporée. Présentez dans un plat de service, et garnissez avec les oignons. Servez aussitôt avec du riz.

Poêlée de haricots verts

Gan Bian Si Ji Dou

Pour 4 personnes

60 cl d'huile végétale, d'arachide de préférence

500 g de haricots kilomètres, équeutés

3 cuil. à soupe d'oignons nouveaux finement émincés

2 cuil. à soupe d'ail finement haché

1 cuil. à soupe de gingembre frais, épluché et finement haché

1 cuil. à soupe de sauce aux haricots jaunes entiers

2 cuil. à soupe de pâte au piment

1 cuil. à soupe de sauce soja foncée

2 cuil. à soupe de vin de riz de Shaoxing ou de xérès sec

2 cuil. à café de sucre en poudre

2 cuil. à café de grains de poivre du Sichuan, torréfiés et moulus

2 cuil. à soupe d'eau ou de bouillon de poule

La succession de deux méthodes de cuisson – frire pour affirmer la texture et poêler pour relever la saveur des épices – fait de cette recette une terrible tentation, même pour les non végétariens.

1 Faites chauffer un wok, puis versez-y l'huile. Lorsque l'huile est chaude et légèrement fumante, ajoutez les haricots et faites-les frire pendant 3 min, jusqu'à ce qu'ils soient verts vifs et légèrement recourbés. Procédez en deux ou trois fois. Retirez les haricots et laissez-les égoutter dans une passoire. Étalez-les sur une feuille de papier cuisson recouverte de papier absorbant.

2 Réservez 1,5 cuil. à soupe d'huile et jetez le reste, ou conservez-la pour une utilisation ultérieure (pour frire les légumes seulement). Faites chauffer de nouveau le wok et l'huile réservée à feu vif. Faites revenir les oignons, l'ail et le gingembre 30 s à feu vif. Ajoutez la sauce aux haricots, la pâte au piment, la sauce soja, le vin de riz, le sucre, le poivre du Sichuan et faites cuire 1 min.

3 Remettez les haricots dans le wok, et ajoutez l'eau ou le bouillon. Poursuivez la cuisson pendant 2 min, jusqu'à ce que les haricots soient bien enrobés de sauce et réchauffés. Servez aussitôt avec de la viande ou du poisson.

Poivrons froids aux haricots noirs

Jiao Ban Xing Jiao

Pour 4 personnes

- 1,5 cuil. à soupe d'huile végétale, d'arachide de préférence
- 3 cuil. à soupe d'échalotes finement hachées
- 2 cuil. à soupe de haricots noirs grossièrement hachés
- 1,5 cuil. à soupe d'ail finement haché
- 1 cuil. à soupe de gingembre frais, épluché et finement haché
- 175 g de poivrons rouges, épépinés et coupés en morceaux de 2,5 x 2,5 cm
- 175 g de poivrons jaunes, épépinés et coupés en morceaux de 2,5 x 2,5 cm
- 175 g de poivrons verts, épépinés et coupés en morceaux de 2,5 x 2,5 cm
- 2 cuil. à soupe de vin de riz de Shaoxing ou de xérès sec
- 1 cuil. à soupe de pâte au piment
- 2 cuil. à soupe de sauce soja foncée
- 1 cuil. à soupe de sauce soja claire
- 2 cuil. à café de sucre en poudre
- 15 cl de bouillon de poule ou d'eau
- 2 cuil. à café d'huile de sésame

Les haricots noirs confèrent une saveur délicate et relevée à la fois à ce plat végétarien. Il sera encore meilleur si vous le laissez reposer 2 h avant de servir.

1 Faites chauffer un wok à feu vif et versez-y 1 cuil. à soupe d'huile végétale. Lorsque l'huile est chaude et légèrement fumante, faites revenir les échalotes, les haricots noirs, l'ail et le gingembre pendant 1 min. Ajoutez ensuite les poivrons et laissez cuire 1 min. Pour finir, ajoutez le vin de riz, la sauce au piment, les sauces soja, le sucre et le bouillon.

2 Poursuivez la cuisson pendant 5 min, jusqu'à ce que les poivrons soient tendres et qu'une grande partie de la sauce se soit évaporée. Incorporez l'huile de sésame et mélangez bien. Présentez dans un plat de service et laissez refroidir. Servez à température ambiante.

Bok choy croustillant

Zha Cai

Pour 4 personnes

1,1 kg de bok choy

90 cl d'huile végétale, d'arachide de préférence

2 cuil. à café de sucre en poudre

1 cuil. à café de sel

Pour la garniture

50 g de pignons de pin légèrement torréfiés

Le bok choy remplace idéalement le type d'algue utilisé dans ce plat du nord-est de la Chine, de plus en plus populaire en Occident. Vous pouvez également utiliser des épinards.

1 Détachez les feuilles du bok choy, puis ôtez les côtes centrales, que vous pouvez accommoder revenues à l'ail ou en soupe. Lavez les feuilles plusieurs fois dans de l'eau froide. Laissez-les égoutter dans une passoire, puis essorez-les à l'aide d'une essoreuse à salade.

2 Préchauffez le four à 120 °C (th. 4). Enroulez les feuilles et émincez-les finement. Déposez-les sur une feuille de papier cuisson et faites-les sécher dans le four préchauffé pendant 15 min. Retirez-les du four et laissez-les refroidir (vous pouvez très bien effectuer cette étape la veille).

3 Faites chauffer un wok et versez-y 1 cuil. à soupe d'huile végétale. Lorsque l'huile est chaude et légèrement fumante, faites frire les légumes, en deux ou trois fois, pendant 30 s. Quand ils sont verts foncés, retirez-les et laissez-les égoutter sur du papier absorbant. Laissez refroidir.

4 Ajoutez le sucre et le sel. Garnissez avec les pignons de pin et servez.

Riz et nouilles

Sauté de nouilles aux œufs

Chao Lao Mian

Pour 4 personnes

250 g de nouilles aux œufs, fraîches ou sèches

1,5 cuil. à soupe d'huile végétale, d'arachide de préférence

2 cuil. à soupe d'ail finement haché

6 oignons nouveaux entiers finement émincés

4 racines de gingembre frais, épluchées et finement émincées

175 g de jambon cuit émincé

175 g de pousses de soja fraîches

1 cuil. à soupe de sauce soja claire

1 cuil. à soupe de vin de riz de Shaoxing ou de xérès sec

2 cuil. à café de sucre en poudre

3,5 cuil. à soupe de sauce d'huître

2 cuil. à café d'huile de sésame + quelques gouttes pour assaisonner les nouilles (facultatif)

Poivre noir du moulin

2 cuil. à café de sel

Ce plat est sans doute l'une des spécialités chinoises les plus appréciées au monde. Pour faire de ce succulent chow mein *un plat végétarien, il suffit de ne pas y incorporer de jambon.*

1 Portez 2,25 l d'eau salée à ébullition dans une grande casserole. Faites cuire les nouilles dedans – 1 min 30 pour les nouilles fraîches et 3 min pour les nouilles sèches. En cours de cuisson, détachez les nouilles à l'aide de baguettes. Versez-les dans une passoire et passez-les sous l'eau froide jusqu'à ce qu'elles soient bien froides, pour éviter qu'elles ne continuent à cuire. Si vous ne les accommodez pas aussitôt, arrosez-les d'huile de sésame avant de les réserver.

2 Faites chauffer un wok puis versez-y l'huile végétale. Lorsque l'huile est chaude et légèrement fumante, faites revenir l'ail, les oignons et le gingembre pendant 30 s. Ajoutez le jambon, les pousses de soja, la sauce soja, le vin de riz et le sucre. Rectifiez l'assaisonnement en poivre et poursuivez la cuisson 30 s en remuant bien.

3 Remettez les nouilles dans le wok et faites cuire 2 min à feu vif, en mélangeant bien. Incorporez la sauce d'huître et l'huile de sésame, et poursuivez la cuisson pendant 2 min. Présentez dans un plat de service et servez aussitôt.

Riz nature cuit à l'eau

Si Miao Bai Fun

Pour 4 à 6 personnes
330 g de riz long grain

Cette recette simple et facile ne déçoit jamais ! Le riz recommandé ici est tout simplement du riz long grain, qui se décline en plusieurs variétés.

1 Versez le riz dans un saladier et lavez-le plusieurs fois jusqu'à ce que l'eau soit claire (si vous êtes pressé, vous pouvez passer cette étape sans grande incidence). Égouttez le riz et versez-le dans un faitout avec 60 cl d'eau. Le riz doit être recouvert de 2,5 cm d'eau – si vous utilisez trop d'eau, le riz sera collant. Portez à ébullition à feu vif et poursuivez la cuisson jusqu'à évaporation de l'eau en surface, soit environ 15 min. La surface du riz doit être parcourue de petites irrégularités semblables à des cratères.

2 Couvrez et mettez à feu doux. Poursuivez la cuisson 15 min sans intervenir – ne soulevez surtout pas le couvercle après l'ébullition. Ôtez du feu et laissez reposer 5 min avant de servir.

Nouilles épicées à la sichuanaise

Dan Dan Mian

Pour 4 personnes

250 g de nouilles aux œufs, fraîches ou sèches
1,5 cuil. à café d'huile d'arachide
3 cuil. à soupe d'ail finement haché
2 cuil. à soupe de gingembre frais, épluché et finement haché
4 cuil. à soupe d'oignons nouveaux finement hachés (blanc seulement)
375 g de porc émincé
2 cuil. à soupe de pâte de sésame ou de beurre de cacahuètes
2 cuil. à soupe de sauce soja foncée
2 cuil. à soupe d'huile au piment
1 cuil. à soupe de pâte au piment
1 cuil. à soupe de sucre en poudre
17,5 cl de bouillon de poule
2 cuil. à café d'huile de sésame + quelques gouttes pour assaisonner les nouilles (facultatif)
1 cuil. à soupe de grains de poivre du Sichuan, torréfiés et moulus
Poivre noir du moulin
3 cuil. à café de sel

Pour la garniture

Oignons nouveaux émincés

Ce plat typique du Sichuan est maintenant répandu dans toute la Chine, en particulier dans le Nord. Pour un mets plus léger, utilisez deux fois moins d'huile au piment et n'ajoutez pas l'huile de sésame.

1 Portez 2,25 l d'eau à ébullition avec 2 cuil. à café de sel dans une grande casserole. Faites cuire les nouilles dedans – 1 min 30 pour les nouilles fraîches et 3 min pour les nouilles sèches. En cours de cuisson, détachez les nouilles à l'aide de baguettes. Versez-les dans une passoire et passez-les sous l'eau froide jusqu'à ce qu'elles soient bien froides, pour éviter qu'elles ne continuent à cuire. Laissez-les égoutter dans la passoire en les retournant plusieurs fois. Si vous ne les accommodez pas aussitôt, arrosez-les d'huile de sésame avant de les réserver.

2 Faites chauffer un wok puis versez-y l'huile d'arachide. Lorsque l'huile est chaude et légèrement fumante, faites revenir l'ail, le gingembre et les oignons pendant 30 s. Ensuite, saisissez le porc pendant 2 min en détachant les morceaux. Ajoutez le reste des ingrédients, sauf l'huile de sésame et poursuivez la cuisson pendant 5 min.

3 Remettez les nouilles dans le wok et faites chauffer 2 min en mélangeant bien. Incorporez l'huile de sésame et mélangez de nouveau. Présentez dans un plat de service, et garnissez avec les oignons. Servez aussitôt.

Riz sauté

Chao Fan

Pour 4 à 6 personnes

2 œufs battus

2 cuil. à café d'huile de sésame

1,5 cuil. à café d'huile végétale, d'arachide de préférence

Riz nature froid, cuit à l'eau (voir page 144)

175 g de jambon cuit ou de poitrine fumée maigre

6 cuil. à soupe d'oignons nouveaux finement hachés

175 g de germes de soja frais

1,5 cuil. à café de sel

Pour réussir votre riz sauté, utilisez du riz cuit et refroidi, et veillez à ce que le wok soit très chaud avant d'y verser l'huile. Ajoutez les ingrédients que vous aimez ou vos petits restes.

1 Mélangez les œufs battus, l'huile de sésame et 1 cuil. à café de sel, et réservez.

2 Faites chauffer un wok et versez-y l'huile végétale. Lorsque l'huile est chaude et légèrement fumante, faites sauter le riz pendant 1 min. Ensuite, ajoutez le jambon, les oignons et le reste de sel. Faites cuire 3 min, puis ajoutez les œufs. Prolongez la cuisson 2 min, puis ajoutez les germes de soja. Mélangez bien le tout et poursuivez la cuisson 2 min, jusqu'à ce que les germes de soja soient chauds.

3 Présentez dans un plat de service et servez aussitôt.

Nouilles à la sauce aux haricots

Zha Jiang Mian

Pour 4 personnes

250 g de nouilles aux œufs, fraîches ou sèches
1,5 cuil. à soupe d'huile végétale, d'arachide de préférence
2 cuil. à soupe d'ail finement haché
2 cuil. à café de gingembre frais, épluché et finement haché
2 cuil. à soupe d'oignons nouveaux (blanc seulement)
375 g de porc émincé
2 cuil. à café de sauce aux haricots jaunes concassés
1 cuil. à soupe de pâte au piment
1 cuil. à soupe de sauce soja foncée
1 cuil. à soupe de sauce soja claire
1 cuil. à soupe de vin de riz de Shaoxing ou de xérès sec
15 cl de bouillon de poule
2 cuil. à café de sucre en poudre
2 cuil. à café d'huile de sésame + quelques gouttes pour assaisonner les nouilles (facultatif)
Poivre noir du moulin
2 cuil. à café de sel

Pour la garniture

Oignons nouveaux émincés

Ce plat typique du nord de la Chine serait l'équivalent des pâtes à la sauce bolognaise. Agrémenté de légumes, c'est un mets revigorant et léger.

1 Portez 2,25 l d'eau salée à ébullition dans une grande casserole. Faites cuire les nouilles dedans – 1 min 30 pour les nouilles fraîches et 3 min pour les nouilles sèches. En cours de cuisson, détachez les nouilles à l'aide de baguettes. Versez-les dans une passoire et passez-les sous l'eau froide jusqu'à ce qu'elles soient bien froides, pour éviter qu'elles ne continuent à cuire. Laissez-les égoutter dans la passoire en les retournant plusieurs fois. Si vous ne les accommodez pas aussitôt, arrosez-les d'huile de sésame avant de les réserver.

2 Faites chauffer un wok puis versez-y l'huile végétale. Lorsque l'huile est chaude et légèrement fumante, faites revenir l'ail, le gingembre et les oignons pendant 30 s. Ensuite, faites saisir le porc pendant 2 min en détachant les morceaux. Ajoutez la sauce aux haricots, la pâte au piment, les sauces soja, le vin de riz, le bouillon, le sucre, le poivre et poursuivez la cuisson pendant 30 s, en mélangeant bien le tout.

3 Remettez les nouilles dans le wok et chauffez 2 min à feu vif en mélangeant bien. Incorporez l'huile de sésame et mélangez de nouveau. Présentez dans un plat de service et garnissez avec les oignons. Servez aussitôt.

Nouilles au curry

San Zhi Mian

Pour 4 personnes

250 g de nouilles aux œufs, fraîches ou sèches
Huile de sésame pour assaisonner les nouilles (facultatif)
1,5 cuil. à soupe d'huile végétale, d'arachide de préférence
2 cuil. à soupe d'ail finement haché
2 cuil. à soupe d'oignons nouveaux finement hachés (blanc seulement)
2 cuil. à café de gingembre épluché et finement haché
375 g de porc émincé
2 cuil. à soupe de pâte de curry de Madras
1 cuil à soupe de pâte au piment
1 cuil. à soupe de sauce soja foncée
1 cuil. à soupe de sauce soja claire
1 cuil. à soupe de vin de riz de Shaoxing ou de xérès sec
15 cl de bouillon de poule
15 cl de lait de coco
2 cuil. à café de sucre en poudre
Poivre noir du moulin
2 cuil. à café de sel

Pour la garniture

Oignons nouveaux hachés

La gastronomie chinoise adopte facilement les nouveaux ingrédients et les recettes d'ailleurs pour peu que leurs vertus soient reconnues, ce qui est le cas du curry. Ces nouilles sont si parfumées qu'elles peuvent être dégustées en plat unique.

1 Portez 2,25 l d'eau salée à ébullition dans une grande casserole. Faites cuire les nouilles dedans – 1 min 30 pour les nouilles fraîches et 3 min pour les nouilles sèches. En cours de cuisson, détachez les nouilles à l'aide de baguettes. Versez-les dans une passoire et passez-les sous l'eau froide jusqu'à ce qu'elles soient bien froides, pour éviter qu'elles ne continuent à cuire. Laissez-les égoutter dans la passoire en les retournant plusieurs fois. Si vous ne les accommodez pas aussitôt, arrosez-les d'huile de sésame avant de les réserver.

2 Faites chauffer un wok puis versez-y l'huile végétale. Lorsque l'huile est chaude et légèrement fumante, faites revenir l'ail, le gingembre et les oignons pendant 30 s. Ensuite, saisissez le porc pendant 2 min en détachant les morceaux. Ajoutez le reste des ingrédients et poursuivez la cuisson 2 min à feu vif.

3 Remettez les nouilles dans le wok et chauffez 2 min à feu vif en mélangeant bien. Présentez dans un plat de service, et garnissez avec les oignons. Servez aussitôt.

Nouilles de riz sautées

Chao Fen

Pour 4 personnes

250 g de nouilles de riz sèches, rondes ou plates
1 cuil. à soupe d'huile végétale, d'arachide de préférence
1 petit oignon coupé en fines rondelles
1 gros piment rouge, épépiné et coupé en fines rondelles
2 cuil. à soupe d'ail finement émincé
1 poivron vert, épépiné et finement émincé
2 cuil. à soupe de sauce soja claire
1 cuil. à soupe de vin de riz de Shaoxing ou de xérès sec
2 cuil. à soupe de pâte de curry de Madras
2 cuil. à café de sucre en poudre
12,5 cl de bouillon de poule
1 œuf battu
125 g de crevettes cuites, décortiquées, déveinées et grossièrement émincées
3 cuil. à soupe d'oignons nouveaux finement hachés
1 cuil. à café de sel

Les nouilles de riz sont très appréciées dans l'est et dans le sud de la Chine. Parfumée au curry, cette spécialité a été importée par les immigrants de retour de Singapour.

1 Faites tremper les nouilles dans de l'eau chaude pendant 15 min, jusqu'à ce qu'elles soient tendres. Laissez-les égoutter dans une passoire et réservez-les.

2 Faites chauffer un wok à feu vif puis versez-y l'huile. Lorsqu'elle est chaude et légèrement fumante, faites revenir l'oignon, le piment et l'ail pendant 1 min. Ajoutez le poivron, les nouilles, la sauce soja, le vin de riz, la pâte de curry, le sucre, le sel et le bouillon. Faites cuire 5 min à feu vif, jusqu'à évaporation de la plus grande partie de la sauce.

3 Ajoutez l'œuf battu et les crevettes, et poursuivez la cuisson 1 min, sans cesser de remuer. Enfin, ajoutez les oignons nouveaux et mélangez bien le tout. Présentez dans un plat de service et servez aussitôt.

Vermicelles à la viande épicée

Ma Yi Shang Shu

Pour 4 personnes

125 g de vermicelles de soja secs

40 cl + 1 cuil. à soupe d'huile végétale, d'arachide de préférence

250 g de porc émincé

1 cuil. à soupe de sauce soja foncée

2 cuil. à café de vin de riz de Shaoxing ou de xérès sec

2 cuil. à café d'huile de sésame

1 cuil. à soupe de gingembre frais, épluché et finement haché

2 cuil. à soupe d'ail finement haché

4 cuil. à soupe d'oignons nouveaux

2 cuil. à café de sauce soja foncée

2 cuil. à café de sauce soja claire

1 cuil. à soupe de pâte au piment

1 cuil. à café de grains de poivre du Sichuan, torréfiés et moulus

Pour la garniture

Oignons nouveaux émincés

J'apprécie particulièrement cette variante de la recette sichuanaise, consistant à frire les vermicelles pour leur donner du croustillant avant de les aromatiser à la sauce épicée.

1 Détachez et cassez les vermicelles – dans un sac en papier pour éviter d'en mettre partout.

2 Faites chauffer un wok puis versez-y l'huile végétale. Quand l'huile est chaude et légèrement fumante, faites frire les vermicelles en plusieurs fois. Ils gonflent et triplent de volume. Retirez-les rapidement à l'aide d'une écumoire et laissez-les égoutter sur du papier absorbant. Réservez-les et essuyez le wok. Filtrez l'huile et conservez-la, éventuellement, pour une utilisation ultérieure.

3 Dans un saladier, mélangez le porc avec la sauce soja, le vin de riz et l'huile de sésame.

4 Faites chauffer le wok, puis versez-y 1 cuil. à soupe d'huile végétale. Quand l'huile est chaude et légèrement fumante, faites revenir le gingembre, l'ail et l'oignon pendant 20 s. Ensuite, faites revenir le porc pendant 2 min. Ajoutez le reste des ingrédients, sauf les vermicelles, et portez le tout à frémissement. Mélangez et poursuivez la cuisson 5 min à feu vif.

5 Mettez les vermicelles dans le wok et mélangez rapidement. Présentez dans un grand saladier et garnissez avec les oignons. Servez aussitôt.

Riz sauté au bœuf

Niu Rou Chao Fan

Pour 4 à 6 personnes

250 g de bœuf émincé

1 œuf battu

1 cuil. à soupe d'huile de sésame

3 cuil. à soupe d'huile végétale, d'arachide de préférence

2 cuil. à soupe d'ail finement haché

1 cuil. à soupe de gingembre frais, épluché et finement haché

Riz nature froid, cuit à l'eau (voir page 144)

6 cuil. à soupe d'oignons nouveaux finement hachés

Sel

Pour la marinade

1 cuil. à soupe de sauce soja claire

1 cuil. à café de sauce soja foncée

1 cuil. à café de vin de riz de Shaoxing ou de xérès sec

1 cuil. à café d'huile de sésame

1/2 cuil. à café de sucre en poudre

1/4 de cuil. à café de poivre noir du moulin

1/2 cuil. à café de sel

Une variante de riz sauté qui puise sa saveur dans le bœuf émincé. Aussi simple à réaliser que délicieux !

1 Dans un saladier, mélangez le bœuf et les ingrédients de la marinade.

2 Dans un bol, mélangez l'œuf battu, l'huile de sésame et un quart de cuil. à café de sel, et réservez.

3 Faites chauffer un wok puis versez-y l'huile végétale. Quand l'huile est chaude et légèrement fumante, faites revenir l'ail et le gingembre 1 min. Ensuite, faites revenir le bœuf 2 min. Ajoutez le riz et faites-le sauter pendant 3 min. Ajoutez l'œuf battu et poursuivez la cuisson 1 min.

4 Mélangez bien le tout et ajoutez les oignons nouveaux. Mélangez de nouveau et salez. Présentez dans un plat de service et servez aussitôt.

Ragoût de riz au poulet

Hua Ji Fan

Pour 2 à 4 personnes

330 g de riz long grain

60 cl de bouillon de poule

250 g de cuisses de poulet, pelées et désossées, coupées en morceaux de 2,5 cm

1,5 cuil. à soupe d'huile végétale, d'arachide de préférence

1 cuil. à soupe de gingembre frais, épluché et finement haché

2 cuil. à café d'ail finement haché

2 cuil à soupe de sauce d'huître

Pour la garniture

Oignons nouveaux hachés

Pour la marinade

2 cuil. à café d'huile de sésame

1 cuil. à café de fécule de maïs

1 cuil. à soupe de sauce soja claire

2 cuil. à soupe de sauce soja foncée

1 cuil. à soupe de vin de riz de Shaoxing ou de xérès sec

1 cuil. à café de sel

Cette recette rapide et simple à réaliser régale gourmands et gourmets depuis plusieurs siècles. Le riz est cuit dans du bouillon de poule, puis imprégné du jus et de la marinade du poulet poêlé.

1 Versez le riz dans un saladier et lavez-le plusieurs fois jusqu'à ce que l'eau soit claire (si vous êtes pressé, vous pouvez passer cette étape sans grande incidence). Égouttez le riz et versez-le dans un faitout avec le bouillon. Portez à ébullition à feu vif et poursuivez la cuisson jusqu'à évaporation de l'eau en surface, soit environ 15 min. La surface du riz doit être parcourue de petites irrégularités semblables à des cratères.

2 Couvrez et mettez sur feu doux. Prolongez la cuisson 15 min sans intervenir – ne soulevez surtout pas le couvercle après l'ébullition.

3 Dans un saladier, mettez le poulet et les ingrédients de la marinade, et mélangez bien. Couvrez de film alimentaire et laissez mariner 15 min. Égouttez le poulet et réservez la marinade.

4 Faites chauffer un wok puis versez-y l'huile végétale. Lorsque l'huile est chaude et légèrement fumante, faites revenir le gingembre et l'ail pendant 20 s. Ensuite, faites dorer le poulet pendant 3 min. Enfin, versez la sauce d'huître et la marinade et poursuivez la cuisson 1 min, en remuant régulièrement.

5 Disposez le poulet dans le faitout et versez la sauce sur le riz. Poursuivez la cuisson 10 min à couvert. Présentez dans un plat de service, et garnissez avec les oignons nouveaux. Servez aussitôt, accompagné de légumes.

Nouilles de riz façon snack

Ma Yi Shang Shu

Pour 4 personnes

250 g de nouilles de riz sèches

1,5 cuil. à soupe d'huile végétale, d'arachide de préférence

175 g de jambon cuit finement émincé

6 oignons nouveaux finement émincés

250 g de chou chinois finement émincé

30 cl de bouillon de poule

2 cuil. à soupe de sauce soja claire

1 cuil. à soupe de vin de riz de Shaoxing ou de xérès sec

2 cuil. à café de sucre en poudre

1 cuil. à café de sel

Cette spécialité, à déguster en plat de résistance ou en en-cas, est typique de la restauration rapide de l'est de la Chine : simple, goûteuse, nourrissante et délicieuse !

1 Faites tremper les nouilles dans de l'eau chaude pendant 15 min, jusqu'à ce qu'elles soient tendres. Laissez-les égoutter dans une passoire et réservez-les.

2 Faites chauffer un wok à feu vif puis versez-y l'huile végétale. Lorsque l'huile est chaude et légèrement fumante, faites revenir le jambon, les oignons et le chou pendant 1 min. Ensuite, ajoutez le bouillon, la sauce soja, le vin de riz, le sucre et le sel.

3 Portez le tout à ébullition, puis ajoutez les nouilles. Couvrez et faites cuire 5 min à feu vif, sans remuer, jusqu'à évaporation de la plus grande partie de la sauce. Mélangez bien et servez aussitôt.

Index des ingrédients

Cet index rassemble les ingrédients phares qui donnent à ces plats leurs notes chinoises. Pour chacun d'eux, les recettes correspondantes sont indiquées.

Table des recettes

O

P-Q

R

S

T-V

W-X-Y-Z

Conception graphique : Smith & Gilmour
Photographe : Noel Murphy
Stylisme : Wei Tang

Responsable éditoriale : Anne Vallet
Réalisation : Les PAOistes
Réalisation de la couverture : Nicole Dassonville
Traduction : Agnès Letourneur
Préparation de copie et correction : Mélanie Le Neillon

Dépôt légal : février 2011
23-27-0300-01-6
ISBN : 978-2-01-230300-3

Imprimé en Chine